Thorsten Knoll
# Berliner Markthallen

Thorsten Knoll

# Berliner Markthallen

HAUDE & SPENER

Für Martina und Tom

Besonderen Dank Herrn Brauer von der Großmarkt GmbH, der uns
die Abbildungen zur Verfügung stellte.
Abbildungen: Großmarkt GmbH (S. 27, 28, 32, 34, 36, 40, 41, 43, 49,
52, 55, 57, 59, 63, 65, 68, 70, 74, 77, 80, 83, 102, 8 oben); Archiv des
Autors (S. 6, 17, 30, 38, 46, 48); Archiv des Verlages (S. 12); Landesbildstelle (S. 20); Petra Pfarr (S. 96, 99); Martina Schwarz (S. 94, 96,
102 unten)

Die Deutsche Bibliothek – CIP-Einheitsaufnahme

**Knoll, Thorsten:**
Berliner Markthallen / Thorsten Knoll. – Berlin : Haude und
Spener, 1994
   (Berlinische Reminiszenzen; 69)
   ISBN 3-7759-0392-5
NE: GT

© 1994 Haude & Spenersche Verlagsbuchhandlung GmbH, Berlin
Satz: Volker Spiess, Berlin
Umschlag: Hauke Sturm, Berlin; Foto: Landesbildstelle Berlin
Gesamtherstellung: Kösel, Kempten
ISBN 3-7759-0392-5

# Inhalt

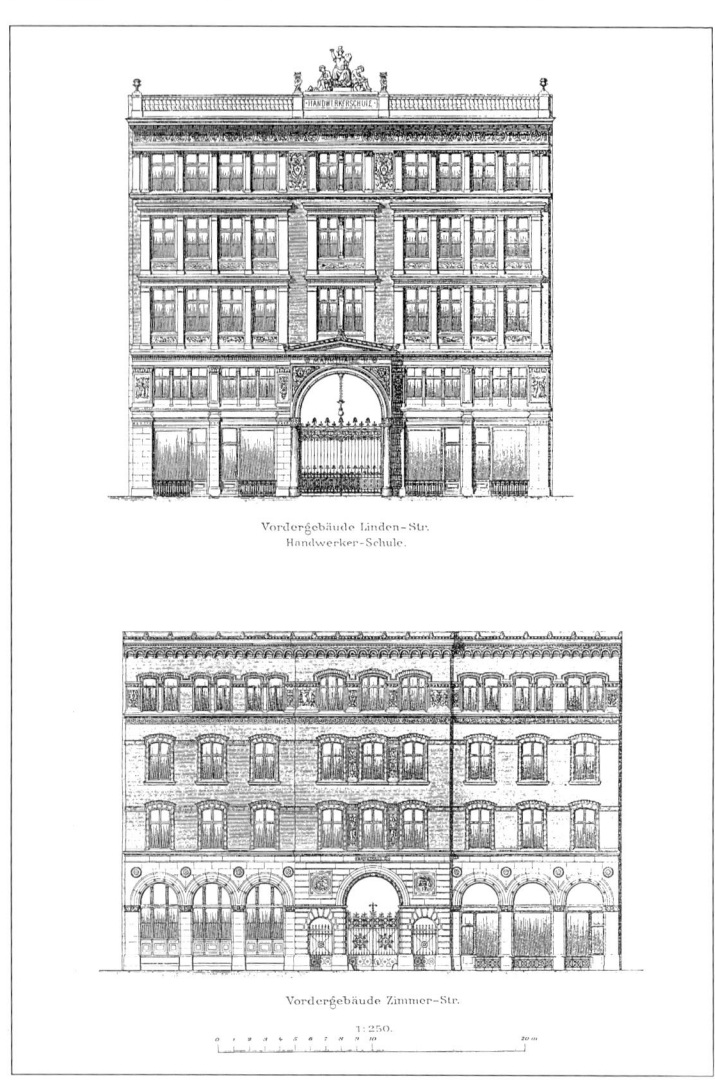

Vordergebäude Linden-Str.
Handwerker-Schule.

Vordergebäude Zimmer-Str.

1:250.

Fassadenansicht von den Vorderhäusern der Markthallen II und III

# Vorwort

Fünfzehn Markthallen versorgten die Berliner Ende des 19. Jahrhunderts mit frischen Lebensmitteln. Vier von ihnen trotzten der Kaiserzeit, der Inflation und Weltwirtschaftskrise, dem Bombenhagel des Zweiten Weltkriegs, der Stadtsanierung und Stadterneuerung. Die großen Vorbilder in Paris und London existieren nicht mehr oder haben nichts mehr von ihrer Ursprünglichkeit. Lange hatte man ihnen nachgeeifert, heute haben die Berliner Hallen sie überlebt.

Ein Hauch von Nostalgie begleitet den Einkauf an den Standbuden der Arminius- und der Marheinekehalle, der Eisenbahn- und der Ackerhalle. Die Zeiten gingen auch an ihnen nicht spurlos vorüber und doch spürt man die besondere Atmosphäre, die die Markthallen von jeher umgab.

Im friedlichen Nebeneinander mit den Wochenmärkten erinnert nichts daran, daß die Hallen die störenden und unhygienischen Wochenmärkte einst ersetzen sollten. Beide Handelsformen konnten sich behaupten und beide haben einen treuen Kundenstamm. Tausende und Abertausende von Berlinern kommen tagtäglich, um frisches Fleisch und knackiges Gemüse zu kaufen oder sei es auch nur um ihrem Markt oder ihrer Halle einen Besuch abzustatten.

Es hat einige Zeit gedauert, bis sich die Berliner an die neumodischen Markthallen gewöhnt hatten, doch dann schlossen sie sie unwiederbringlich in ihr Herz. Heute sind die Überreste des Berliner Markthallenprojekts ein Stück lebendige Geschichte, eine Rückerinnerung an alte Tage und ein kulturelles Bindeglied der Zeiten.

## 1. Kapitel

# Die Berliner Wochenmärkte

Betrachtet man das heutige Angebot der Berliner Waren-
häuser und Supermärkte, so fällt es schwer, sich in eine
Zeit zurückzuversetzen, als selbst der Tante-Emma-Laden
an der Ecke noch ein kühner Wunschtraum der Straßen-
händler war. Noch bis ins 15. Jahrhundert gab es in Berlin
und der Schwesterstadt Cölln nur drei Wochenmärkte.
Wer nicht selbst über ein Stückchen Land verfügte, kaufte
seine Lebensmittel dort oder bei den fahrenden Händlern,
die vom Umland in die Stadt kamen.

Dienstags war Markttag in Berlin. Auf dem Neuen Markt
an der Marienkirche und dem Alten Markt am Mühlendamm boten die Bauern ihre Waren feil. Am Freitag
wiederholte sich dann das Treiben auf dem Markt an der
Petrikirche in Cölln. Fleisch und Geflügel, Obst und Gemüse, Getreide und Honig wechselten den Besitzer. Neben den Wochenmärkten gab es einige Jahrmärkte, Ur-
sprung unserer heutigen Messen, die an bestimmten Feiertagen des Jahres abgehalten wurden. Während ihre Zahl
im 16. und 17. Jahrhundert zunahm, wurden in dieser Zeit
keine weiteren Wochenmärkte eröffnet. Um 1600 wurde
der Markt am Mühlendamm in Molkenmarkt umbenannt,
denn die Kurfürstin Katharina hatte begonnen, dort die
Milch von ihrem in der Cöllner Vorstadt gelegenen
Viehhof anbieten zu lassen.

Die Marktplätze dienten aber nicht nur dem Handel. Auf dem Neuen Markt und dem Molkenmarkt befanden sich Galgen zur Vollstreckung von Todesurteilen. Auch unredliche Händler mußten hier büßen: noch 1656 stand auf die Benutzung falscher Maße und Gewichte der Tod durch Erhängen.

Friedrich Wilhelm I. (1688–1740) ließ die Berliner Friedrichstadt weit über ihre alten Grenzen hinaus erweitern. Auch ein neuer Wochenmarkt wurde in die Planungen mit einbezogen: der große Markt auf dem Gendarmenmarkt. Zunächst sollte der Platz aber von einer unregulierten Sandwüste in eine gepflasterte Ebene verwandelt werden. Der König unterstützte dieses Vorhaben großzügig mit 3.000 Talern. 1882, rund anderthalb Jahrhunderte später, war der Gendarmenmarkt mit 1.400 Ständen der größte Berlins.

Alle weiteren Wochenmärkte wurden erst im 19. Jahrhundert angelegt. Die Berliner Bevölkerungszahl nahm in dieser Zeit stark zu. Durch medizinische Fortschritte, eine bessere Ernährung und Hygiene erhöhte sich die Lebenserwartung der Ansässigen. Zudem schuf die industrielle Revolution viele neue Arbeitsplätze, für die nicht genügend Arbeitskräfte vorhanden waren. So strömte die Landbevölkerung in die Stadt, um diese Lücke zu füllen. Zu Beginn des 19. Jahrhunderts, im Jahre 1808, lebten rund 145.000 Menschen in Berlin. 1831 waren es bereits 250.000 und 15 Jahre später 400.000 Einwohner.

Eine derart große Bevölkerung will auch ernährt werden. So erließ Friedrich Wilhelm III. (1770–1840) 1815 die Kabinettsorder, auf dem Dönhoffplatz einen neuen Wochenmarkt einzurichten. In den umliegenden Straßen und Plätzen hatte sich ein unkontrollierter Handel breit gemacht, der auf diese Weise unterbunden werden sollte. An den Markttagen, mittwochs und sonnabends, fielen auf dem Dönhoffplatz Krammarkt und Lebensmittelmarkt zusammen. Nur zu gerne nutzten die Besucher des Marktes und die verkaufenden Bauern die Chance, durch die breite Warenpalette beim Einkaufen Zeit zu sparen und Extrawege zu vermeiden. Mitte des Jahrhunderts standen auch hier zu Marktzeiten bis zu 1.400 Stände.

Als vierter Markt in der Berliner Altstadt entstand am Oderberger Tor der »Ochsenmarkt«, der später zu Ehren des Zaren Alexander I. den Namen Alexanderplatz erhielt.

Auch in den ausgebauten Außenbezirken der Stadt mußte die Lebensmittelversorgung gesichert werden. 1825 wurde durch das Königliche Polizei-Präsidium die Verfügung erlassen, den ersten Markt in einer Vorstadt Berlins auf dem Oranienplatz zu errichten. Diesem Beispiel folgten in den nächsten Jahren weitere Märkte, so daß es Ende der 1860er Jahre in Berlin bereits zwanzig Wochenmärkte mit insgesamt mehr als 10.000 Ständen gab.

Auf fast allen Wochenmärkten durfte an zwei Tagen in der Woche Markt abgehalten werden, auf dem Oranienplatz an vier und auf dem Neuen Markt sogar an sechs Tagen in der Woche. Unter dem gestrengen Auge der staatlichen Marktpolizei nahm das bunte Treiben seinen Lauf. Die Hauptaufgaben der Marktpolizei lagen in der Kontrolle der angebotenen Waren, der Maße und Gewichte. Außerdem mußten sie den Händlern deren Verkaufsflächen zuweisen und das entsprechende Stättegeld einkassieren. Bauern, die ihren eigenen Anbau auf dem Markt verkauften, brauchten keine Abgabe zu leisten. Durch diesen Anreiz sollten die Preise für landwirtschaftliche Produkte niedrig gehalten werden.

Berliner Markttreiben Anfang des 19. Jahrhunderts.
Lithographie von Theodor Hosemann

Eine Fahne am Gebäude der Marktpolizei verkündete im Sommer um 6 Uhr, im Winter um 7 Uhr die Eröffnung des Marktes. Eine Stunde zuvor durften die Händler mit dem Aufbau ihrer Stände und Waren beginnen. Wenn die Fahne gegen 11 Uhr eingezogen wurde, war dies das Signal für Wiederverkäufer und Fremde, daß auch sie den Marktplatz jetzt betreten durften. Schon zur Mittagszeit mußte der Markt aber wieder geräumt werden – eine Regelung aus vergangenen Tagen, die den Bauern ermöglichen sollte, spätestens am Abend wieder ihre Dörfer zu erreichen.

Wenn das Markttreiben beendet war, die Stände abgebaut und die Händler verschwunden waren, so blieben doch die Spuren eines betriebsamen Vormittags. Lebhaft schildert Joseph Baumeister 1895 den Anblick: »Wohl Mancher wird sich des unbeschreiblichen Zustandes entsinnen, in dem sich ein Wochenmarkt befand, wenn seine Buden abgetragen waren, und nur Hunde, Katzen und Vögel, wozu sich nicht selten Ratten und Mäuse gesellten, sich die elenden Ueberreste, die einer chaotischen Urmasse nicht unähnlich waren, gegenseitig streitig machten.«

Auch über die hygienischen Verhältnisse auf den Märkten wurde Unmut bezeugt. Feste Einrichtungen waren nicht zugelassen. Noch nicht einmal eine Überdachung der Stände war gestattet.

Eine Ausnahme gab es nur für die Fleischwaren, die unter dem Einfluß der Witterung leiden konnten. So fanden sich neben den leichten Läden und Zelten der Schlächter bloß Verkaufsflächen, auf denen die Waren von Karren oder von Ständen, die oft aus nicht mehr als einem über Fässer gelegten Brett bestanden, verkauft wurden.

Häufig genug thronten die Marktfrauen, die Hökerinnen, auch unter einem großen Schirm auf einem Hocker vor ihren Körben und den auf Decken oder direkt auf dem Boden ausgebreiteten Waren. Ihre »Kodderschnauzen« waren berühmt. Schlagfertig fielen sie über alle her, die die Nase zu hoch trugen oder es wagten, Kritik zu üben. Neben dieser Gruppe der vornehmen »sitzsamen« Hökerinnen gab es auch noch die »Gangbaren«. Sie liefen mit ihren Körben durch die Straßen von Tür zu Tür und riefen ihre Waren aus. Die Hökerinnen gehörten zum alten Berlin wie die Nantes, die Eckensteher.

*2. Kapitel*

# 35 Jahre Planen und Verwerfen

Die Geschichte der Berliner Markthallen begann lange vor ihrer Grundsteinlegung. Ganze 35 Jahre waren nötig, um entgegen aller Hindernisse der Idee Gehör und Erfolg zu verschaffen.

Der erste Versuch, auch in Berlin – wie in anderen europäischen Metropolen längst üblich – Markthallen zu errichten, wurde bereits am 6. April 1848 unternommen. Die Berliner Stadtverordnetenversammlung, der die entsprechenden Pläne vorgelegt wurden, stand unter Zugzwang. Die beiden vorausgegangenen Jahre hatten schlechte Ernten und dadurch hohe Preise für die Lebensmittel gebracht. Während sich in der arbeitenden Bevölkerung, deren Einkünfte kaum noch für die Grundnahrungsmittel ausreichten, eine schwelende Unruhe breit machte, erhöhten die Hökerinnen noch einmal die Preise, um die Verluste durch ausbleibende Kundschaft auszugleichen. Sowohl auf dem Gendarmenmarkt als auch auf dem Molkenmarkt und Alexanderplatz kam es daraufhin zu schweren Ausschreitungen: die Verkäufer wurden mißhandelt, die Stände und umliegenden Läden geplündert.

Die »Kartoffelrevolution«, die erst durch den Einsatz von Militär beendet werden konnte, machte die Notwendigkeit einer kommunal geregelten und beaufsichtigten Lebensmittelversorgung der Stadt Berlin deutlich. In den Mauern von Markthallen sollte die Preistreiberei fortan unterbunden werden. Schon begannen die Journalisten, in ihren Blättern auch die hygienischen und ästhetischen Zustände der Wochenmärkte zu beklagen und eine Markthalle zu propagieren, deren Konstruktion aus Glas und Eisen den gesamten Dönhoffplatz überdachen sollte. Nach dem Scheitern der Revolution von 1848 gerieten diese Pläne aber ebenso in Vergessenheit wie die Initiative bei der Berliner Stadtverordnetenversammlung.

Erst 14 Jahre später, im Jahre 1862, erinnerte man sich an das einstige Vorhaben. Wieder war die Versammlung aufgefordert, eine Entscheidung zu treffen. Der preistreibende Zwischenhandel mit Lebensmitteln durch sogenannte Hökerer hatte sich inzwischen noch weiter verbreitet. Die Hökerer fuhren zu den Bauern ins Umland, kauften deren Waren auf und boten sie auf den Märkten zu überhöhten Preisen an. Die Erzeuger selbst waren auf den Märkten kaum noch anzutreffen.

Um dieser Praxis einen Riegel vorzuschieben, wurde erneut über die Errichtung von Markthallen beraten. Die Versammlung gründete eine gemischte Deputation aus Stadtverordneten und Mitgliedern des Magistrats, die für das weitere Vorgehen verantwortlich war. Als erstes versuchte die Deputation, sich ein besseres Bild über die anfallenden Kosten, die Bauweise und die Betreibung von Markthallen zu machen. Hierzu wurden die Verwaltungen von Städten angeschrieben, die bereits entsprechende Einrichtungen betrieben, und um die Mitteilung ihrer Erfahrungen gebeten. Zudem wurden der Stadtrat Riesch und der Baumeister Hennicke auf Erkundungsreise durch deutsche und europäische Großstädte entsandt, um die Architektur der dortigen Markthallen zu studieren. Riesch

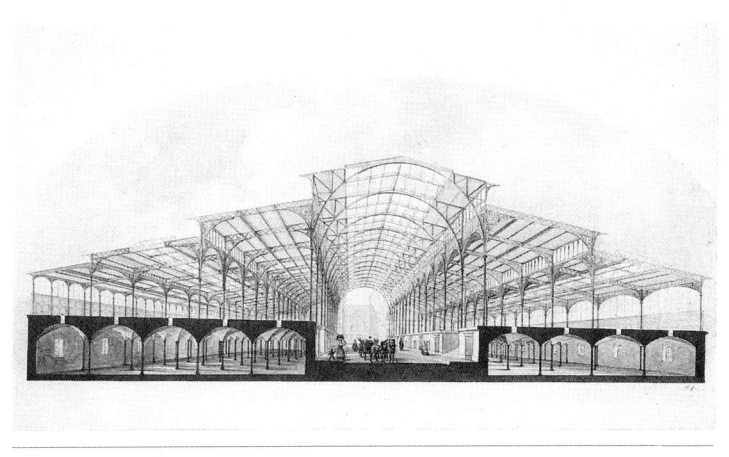

Markthalle in Berlin.
Perspektivzeichnung von Friedrich Hitzig von 1865/68

wurde zu einem Experten der Materie und veröffentlichte später die Ergebnisse seiner Reisen. Für die Stadtverordnetenversammlung waren die gesammelten Erfahrungen aber nicht überzeugend genug, so daß sie zu der Entscheidung kam, »daß zur Zeit sich noch nicht übersehen lasse, ob ein Bedürfnis zur Anlage von Markthallen (…) in Berlin vorhanden und deshalb die Stadt nicht die Initiative ergreifen könne, mit solchen Anlagen vorauszugehen, daß es viel mehr räthlich erscheine, dies lediglich der Privat-Speculation zu überlassen.« Die Versammlung umging somit das finanzielle Risiko, erklärte sich aber bereit, hilfreich mitzuwirken. Dem Entstehen der Berliner Markthallen war somit Tür und Tor geöffnet.

Im Oktober 1864 erhielt zunächst die »Berliner Immobilien-Aktiengesellschaft« als privater Investor den Zuschlag.

Auf einem ehemaligen Holzlagerplatz zwischen dem Schiffbauerdamm, der Karlsstraße, der Friedrichstraße und der Panke eröffnete sie am 1. Oktober 1867 Berlins erste Markthalle. Sie entstand auf einer Grundfläche von fast 84 m Länge und 62 m Breite und hatte eine Maximalhöhe von 15,5 m. Damit unterbot sie zwar die journalistischen Träume früherer Jahre, griff aber in ihrer Bauweise die schon damals für den Dönhoffplatz erstrebte und in Europa verbreitete Eisen-Glaskonstruktion wieder auf.

Allerdings mußte dem Berliner Klima durch zwei Meter hohe Umfassungsmauern zwischen den äußeren gußeisernen Stützen der Halle Tribut gezollt werden. Sie schützten die Händler vor Zugluft und Kälte. Auf einem kleinen Grundstück zwischen der Panke und der Markthalle wurde ergänzend ein Anbau errichtet, der ausschließlich dem Fischverkauf diente und das umfangreiche Angebot der eigentlichen Halle ergänzte.

Am Eröffnungstage schien es, als würde die Halle ein voller Erfolg werden. Besonders die Aufhebung der nahegelegenen Wochenmärkte am Karlsplatz und am Oranienburger Tor versprach den Betreibern einen großen Umsatz. So strömten die Schaulustigen dann auch in das Gebäude und bewunderten die Darbietung der Waren auf stilvoll gestalteten Ständen. Allein die Mamorplatten der Fleischerstände waren es wert, einen Moment innezuhalten. Die Gestaltung der Innenräume hatte sich an den großen Pariser Markthallen »Les Halles Centrales« orientiert und machte ihrem Vorbild keine Schande.

Doch der Zulauf währte nicht lange. Schon bald erschien den Käufern der Anweg zu lang und die Treppen zu steil, die die tiefergelegenen Verkaufsflächen des Mittelganges mit denen der Seitenschiffe verbanden. Auch die Händler, die durch die Stillegung der Wochenmärkte zum Ausweichen auf die Markthallen gezwungen worden waren, begannen das hohe Standgeld zu beklagen, das der privaten Gesellschaft einen Gewinn sichern sollte. So leerte sich die Halle schon Ende des Jahres und mußte im Frühjahr 1868, ein halbes Jahr nach der Eröffnung, wieder geschlossen werden, da die Betreiber die hohen finanziellen Verluste nicht mehr tragen konnten. Das Gebäude, das sich in der weiteren Geschichte vom preußischen Waffenlager zur Kultureinrichtung wandelte, konnte mit seinem Programmangebot als Zirkushalle, als »Großes Schauspielhaus«, »Theater des Volkes« und schließlich als alter »Friedrichstadt-Palast« noch viele Herzen höher schlagen lassen. Als erste Markthalle Berlins geriet es jedoch bald wieder in Vergessenheit.

Ende der 1860er Jahre wurde immer deutlicher, daß Berlin als angehende Millionenstadt in vielen Bereichen ein nur kleinstädtisches Niveau erreichte. Nicht nur das Versorgungswesen, auch das Bildungs- und Gesundheitswesen zeugten von fehlenden Finanzen der Berliner Bauverwaltung. Die Einrichtung von kommunalen Wasserversorgungs- und Kanalisationsnetzen, die Verbesserung der Straßen und Wege und der Bau von Krankenhäusern und Schulen kamen kaum voran.

Dieses änderte sich aber 1871, als Berlin Hauptstadt des neu gegründeten Deutschen Reiches wurde. Die begonnenen kommunalen Großprojekte erhielten neuen Auftrieb durch eine verstärkte finanzielle Förderung. Noch im selben Jahr ging von der »Deutschen Baugesellschaft« die Initiative aus, in Berlin Markthallen zu errichten. Die Verhandlungen zwischen der Stadt und dem Privatunternehmen, in dessen Vorstand Stadtrat Riesch saß, begannen.

»Zirkus«markthalle, später Schauspielhaus und
(alter) Friedrichstadtpalast

Die Gesellschaft profitierte jetzt von den Erfahrungen, die
der Stadtrat schon in den 1860er Jahren auf seinen Er-
kundungsreisen durch Europa und seine Markthallen gesammelt hatte. Die »Deutsche Baugesellschaft« äußerte die
Absicht, mehrere Markthallen zu errichten, machte dies
aber davon abhängig, daß sämtliche konkurrierenden
Wochenmärkte bei der Fertigstellung der Hallen geschlossen würden.

Nach langen Verhandlungen schloß der Magistrat am
21. Dezember 1872 zu den Bedingungen der Baugesellschaft einen vorläufigen Vertrag über den Bau von elf
Markthallen ab. Die Betreibung der Markthallen sollte 30

Jahre lang der Deutschen Baugesellschaft vorbehalten bleiben. Da sich die Stadt aber finanziell an dem Projekt beteiligen sollte, sicherte sie sich das Recht, die Markthallen gegebenenfalls nach Ablauf des vereinbarten Zeitraumes zu übernehmen.

Das schon unter Dach und Fach geglaubte Projekt scheiterte jedoch am Wechsel des für die Baugenehmigung der Hallen und die Aufhebung der Wochenmärkte zuständigen Polizeipräsidenten von Berlin. Der neu ernannte Polizeipräsident von Wurmb forderte, die Markthallen allein von der Kommune bauen zu lassen, da er befürchtete, daß »durch die Beschränkung des nothwendigen Raumes und die Erhöhung der Standgelder eine Monopolisierung des Marktverkehrs und eine Verdrängung der Produzenten durch den Zwischenhandel und dadurch eine Vertheuerung sämtlicher Lebensbedürfnisse herbeigeführt werde«. Da die Stadt schon durch ihre anderen kommunalen Großprojekte finanziell stark in Anspruch genommen war, erschien es unmöglich, auch noch die Markthallen auf eigene Kosten zu erbauen, zudem man sich in seinen Kalkulationen auf die voherige Zusage verlassen hatte.

Der Protest der Stadt gegen die Widerrufung bewirkte aber nichts, da von Wurmb inzwischen »Rückendeckung« durch das preußische Innenministerium erhielt. Die Versorgung der Berliner Bevölkerung mit Lebensmitteln sollte eine öffentliche Angelegenheit kommunalen und staatlichen Interesses bleiben und auf keinen Fall gewinnorientierten Privatgesellschaften überlassen werden. So mußten die Verhandlungen mit den Privatinvestoren vier Jahre nach ihrem Beginn endgültig für gescheitert erklärt werden.

Die Bevölkerungszahl Berlins wuchs unaufhaltsam, und das Umland konnte die Stadtbevölkerung kaum noch ernähren. Es wurde immer deutlicher, daß neue Formen der Versorgung dringend geschaffen werden mußten. So richtete der Magistrat 1875 eine ständige Kommission ein, deren Aufgabe es war, neue finanzierbare Pläne zum Bau und Betrieb von kommunalen Markthallen zu entwerfen. Die Kommission legte fest, daß Markthallen zu errichten seien, in denen »endlich der Marktbetrieb unbeschränkt stattfindet, so daß jeder zu einer ihm genehmen Zeit, geschützt gegen die Unbilden der Witterung, seine Einkäufe machen kann«. Bis zur Eröffnung der ersten kommunalen Markthalle 1886 sollten aber noch weitere Jahre der Vorbereitung vergehen.

## 3. Kapitel

# Das Markthallenprojekt

Die vom Magistrat eingesetzte Kommission hatte Großes zu leisten. Noch gab es in Deutschland kein vergleichbares Projekt. So zogen sich die Erkundungen und Beratungen in die Länge. Daß die Markthallen für Berlin unumgänglich waren, stand fest. Die zwanzig Wochenmärkte reichten schon lange nicht mehr aus, um die angehende Millionenbevölkerung zu versorgen. Jedoch waren die durch die große Nachfrage immer mehr in die Höhe kletternden Preise und das Verkehrschaos an Markttagen nicht die Hauptgründe dafür, daß sich Kritik an den Wochenmärkten breit machte.

Auf den Märkten herrschten untragbare hygienische Verhältnisse. An heißen Tagen stank es in der ganzen Umgebung nach verdorbenen Waren. Es wird gesagt, daß gerade die Fischhändlerinnen dann besonders aktiv werden mußten. Näherte sich Kundschaft so begannen sie eifrig in ihren Bottichen zu rühren, um den Fischen zumindest den Anschein von Lebendigkeit zu geben.

In einer Markthalle sähe das anders aus. Die Waren könnten auf Verkaufsständen präsentiert werden. Moderne technische Anlagen täten das ihrige, um die Frische der Lebensmittel zu erhalten. Schwarze Schafe unter den Händlern hätten kaum eine Chance, der gestrengen Kontrolle durch das Aufsichtspersonal zu entgehen.

Unter einem wetterbeständigen Dach könnten die Händler wie auch die Kunden sechs Tage die Woche von morgens bis abends ihrem Treiben nachgehen, unterbrochen vielleicht nur durch eine Mittagspause zur allgemeinen Stärkung und zum Auffüllen der Bestände. Nicht zuletzt könnten die Anwohner der Marktplätze nach der Schließung der Wochenmärkte endlich tief auf- und durchatmen.

Anfang der 1880er Jahre nahm das Markthallenprojekt langsam Gestalt an. Die Stadtverordnetenversammlung ersuchte 1881 den Magistrat, »einen generellen Plan behufs der Errichtung von Markthallen für die ganze Stadt aufzustellen und der Versammlung zugehen zu lassen«. Die geordnete Versorgung Berlins mit Lebensmitteln sollte durch die städtische Verwaltung geregelt werden. Zum einen ging man davon aus, daß so immmer genügend hochwertige und erschwingliche Waren vorhanden wären. Zum anderen glaubte man, daß keine Privatperson oder -gesellschaft die Hallen günstiger bauen könnte als die Stadt, deren finanzielle Lage sich zu Beginn des Jahrzehnts als recht günstig darstellte.

Am 29. Juni 1883 war es endlich soweit: die Genehmigung für den Bau einer Zentralmarkthalle am Alexanderplatz wurde erteilt.

Und auch die praktische und vor allem preiswerte Belieferung mit Waren, die von weit her kamen oder schnell transportiert werden mußten, wurde sichergestellt, denn die Halle sollte durch einen Gleisanschluß an die Stadtbahn angebunden werden.

Diese Zugverbindung gehörte erst seit kurzem zum Berliner Stadtbild. Bis zum Ende der 1860er Jahre hatte Berlin noch eine Stadtmauer, vor deren Toren die Gleise endeten und die Bahnhöfe lagen. 1882, als zum erstenmal ein Zug die Stadt durchquerte, begann für Berlin ein neues Zeitalter des Personen- und Gütertransports. Ursprünglich war die Stadtbahn nur für den Personenverkehr bestimmt gewesen. Erst nach zähen Verhandlungen mit der Eisenbahnverwaltung wurde eine Ausnahmeregelung erteilt, auch der Güterverkehr für Marktzwecke sollte zugelassen werden. Die Waren mußten endlich nicht mehr nur mit Fuhrwerken in die Innenstadt gebracht, sondern konnten über das Schienennetz auf direktem Wege dort abgeliefert werden.

Die 12 km lange Ost-West-Verbindung hatte zwei Gleise für den lokalen und zwei weitere für den regionalen Verkehr. Die Stammstrecke der Stadtbahn führte vom Schlesischen Bahnhof über Jannowitzbrücke, Alexanderplatz, Börse, Friedrichstraße, Lehrter Bahnhof, Bellevue, Zoologischer Garten zum Bahnhof Charlottenburg. Noch heute kann man große Teile des alten Mauerviadukts mit der S-Bahn befahren.

Der Anschluß der Zentralmarkthalle an die Stadtbahn war vom Komitee zur Vorbereitung der Markthallenvorlage als Grundstein des gesamten Projekts betrachtet worden. Der Abschluß eines Bau- und Betriebsvertrages mit der königlichen Eisenbahndirektion brachte die Sache endlich ins Rollen.

Jetzt standen andere Aufgaben an. Stadtbaurat Hermann Blankenstein bekam den Auftrag, Entwürfe für die geplanten Markthallen anzufertigen. Neben einer Zentralmarkthalle am Alexanderplatz sollten in den verschiedenen Stadtteilen Markthallen für den Detailverkauf erbaut werden. Blankenstein hatte bereits Erfahrungen an einem anderen Versorgungsgebäude gesammelt. Der zentrale Vieh- und Schlachthof Berlins war unter seiner Leitung nur wenige Jahre zuvor entstanden. Während die örtlichen Bauleitungen für die Hallen jeweils wechselten, sollten zu guter Letzt die Baupläne für alle Hallen des Markthallenprojekts aus der Feder des Stadtbaurats stammen. Das Bauprogramm war erst 1893 abgeschlossen. In dieser Zeit entstanden fünfzehn Markthallen: zwei Zentralmarkthallen und dreizehn Markthallen. Entwickelte der Volksmund auch manch andere Namen für die Hallen, so wurden sie doch offiziell fortlaufend mit römischen Ziffern gekennzeichnet.

Der erste Bauabschnitt, in dem die Markthallen I bis IV entstanden, dauerte von 1883 bis 1886. Auf dem durch die Stadtbahn, die Neue Friedrichstraße, die Kaiser-Wilhelm-Straße und die Panoramastraße begrenzten Grundstück in unmittelbarer Nähe zum Alexanderplatz wurde bald nach der Genehmigung des Projekts mit dem Bau der Zentralmarkthalle I begonnen. Zwar erschien das Gelände dem Ausschuß von Anfang an zu klein, dafür waren aber die zentrale Lage und die direkt angrenzende Stadtbahn gewichtige Gründe, um den Plänen trotzdem zuzustimmen.

Auf dem begrenzten Raum wuchs ein Ziegelrohbau in die Höhe. Statt einer Mauer wurde die Ostseite mit einer Glaswand versehen, deren Schiebetüren sich zur Stadtbahn öffnen ließen. Die Fassaden waren in der Sockelzone mit roten Steinen abgesetzt. Darüber folgten helle Verblendsteine, die unterhalb der Fenster mit verschiedenfarbigen Steinen zu Mustern zusammengefügt wurden. Zu den angrenzenden Straßen schmückten mit Vasen gekrönte Lisenen und verzierte Terrakottaplatten die Außenmauern. Die turmartigen Eckbauten wurden von sitzenden Sandsteinfiguren flankiert, die den Handel mit Fleisch, Geflügel, Wild und Gemüse darstellten.

Zentralmarkthalle I

Über 11.600 qm erstreckte sich die Markthalle bei ihrer Eröffnung am 3. Mai 1886. Mit einberechnet sind hierbei die gepachteten Räumlichkeiten unter den sieben Viaduktbögen der Stadtbahn. über den Bögen befand sich der Be- und Entladebereich der Halle. Durch Zuliefergleise war es möglich, die Waren direkt in die Halle zu transportieren. Um einen schnellen Warenumschlag zu erreichen, waren zusätzlich sechs Druckwasserfahrstühle installiert worden. Innerhalb einer Stunde konnten so 15.000 Kilogramm entladen werden.

Schon am Eröffnungstag konnten der Berliner Bevölkerung die Vorteile dieses Systems präsentiert werden. Pünktlich um ein Uhr nachts rollte mit einer bekränzten

27

Markthallen-Bahnanschluß für die Zentralmarkthallen I und Ia

Lokomotive der erste Güterzug ein. Die für die Zentralmarkthalle bestimmten Kartoffeln wurden mit vielen kleinen Schubwagen entladen und auf direktem Wege in die
Halle geschafft. An der Stirnseite des Gebäudes zur Neuen
Friedrichstraße befanden sich drei Eingangstore. Jedes von
ihnen machte es möglich, daß Fuhrwerke gleichzeitig ein-
und ausfuhren. So konnte auch in der frühen »rush-hour«
eine Stockung des Anlieferverkehrs vermieden werden.

Die gesamte Markthalle und auch die Anschlußvialduk-
te waren vollständig unterkellert. Die Eiskeller unter der
Markthalle dienten der Lagerung von Waren, die weit-
räumigen Gewölbe unter dem Anschlußviadukt hingegen
dem Warenverkehr, der sich dort durch die vorhandenen
Fahrstühle ergab.

Im Zentrum der Markthalle und in den Räumen unter den Stadtbahnbögen fand der Großhandel statt. Die Lebensmittelhändler holten hier in den frühen Morgenstunden ihre Waren ein, um sie später in ihren eigenen Läden anzubieten. Gleichzeitig beherbergten die Viadukte einen Teil der Hallenverwaltung und eine Gaststätte. Die restlichen Verwaltungsbüros befanden sich im »Obergeschoß« der Halle. Entlang der Umfassungsmauern und im Mittelteil vergrößerten die hier eingezogenen Galerien noch einmal die Lager- und Verkaufsflächen.

Die Eröffnung der Zentralmarkthalle I war eine Attraktion. Von weit her kamen die Kunden, um einen Blick in diesen neuartigen Tempel des Konsums zu werfen. Und sie waren beeindruckt: nicht nur die verlockende Vielfalt des Angebots und die günstigen Preise erregten ihr Erstaunen, auch die ehemaligen Marktweiber entpuppten sich plötzlich als Händlerinnen in geschmackvoller Bekleidung und mit gezügeltem Mundwerk.

Das prophezeite Aussterben der Berliner Marktredensarten sollte aber doch noch nicht eintreten. Schon bald herrschte in den Hallen wieder ein buntes und lautstarkes Treiben.

Konnten auch am Eröffnungstag die erhofften Einnahmen noch nicht erzielt werden, so wurde die Zentralmarkthalle doch schon bald zu einem der wichtigsten Einkaufsorte für Frischwaren. Als Mittelpunkt der Berliner Lebensmittelversorgung erhielt sie den Spitznamen »Berliner Magen« oder der »Bauch von Berlin«.

Doch nicht für alle Händler war der 3. Mai 1886 ein glücklicher Tag, denn mit der Eröffnung der Zentralmarkthalle I verschwanden die Straßenmärkte vom Neuen Markt und vom Alexanderplatz. Die Höker, die keinen

# Bekanntmachung

betreffend die

## Eröffnung von vier städtischen Markthallen.

---

1. Die vier städtischen Markthallen, welche bestimmt sind, an Stelle folgender am 3. Mai d. J., Morgens Ein Uhr zu schließender Wochenmärkte:

1. auf dem Alexander-Platze,
2. auf dem Neuen Markte,
3. auf dem Dönhofs-Platze,
4. auf dem Gendarmen-Markte,

5. auf dem Belle-Alliance-Platze,
6. am Potsdamer Thore,
7. in der Karlstraße, Ecke der Louisenstraße, und
8. am Oranienburger Thore,

zu treten, werden

## am 3. Mai d. J.
## von Morgens Ein Uhr ab

durch uns dem öffentlichen Verkehre übergeben.

Es werden geöffnet sein:

### I. Die Central-Markthalle in der Neuen Friedrichstraße

**Für den Engros-Handel:**
Im Sommer, wie im Winter, von 1 Uhr Morgens ab,

**Für den Detail-Handel:**
im Sommer von 6 Uhr Morgens ab,
im Winter von 7 Uhr Morgens ab,

### II. Die Markthalle II. in der Lindenstraße — Friedrichstraße,
### III. Die Markthalle III. in der Zimmerstraße — Mauerstraße,
### IV. Die Markthalle IV. in der Dorotheenstraße — Reichstagsufer

**für den Engros-Handel:**
im Sommer von 4 Uhr Morgens ab,
im Winter von 5 Uhr Morgens ab,

**für den Detail-Handel:**
im Sommer von 6 Uhr Morgens ab,
im Winter von 7 Uhr Morgens ab.

2. Für den Verkehr des Publikums werden geschlossen:
sämmtliche Markthallen zu jeder Jahreszeit von Nachmittags 1 Uhr bis Nachmittags 4 Uhr.

3. An den Wochentagen werden die Markthallen I.—IV. Nachmittags 4 Uhr wieder geöffnet und bleiben dann zu jeder Jahreszeit bis 8 Uhr Abends in Betrieb.

4. An Sonn- und Festtagen schließt der Verkehr in allen Markthallen pünktlich um 9 Uhr Vormittags.

Der Verkehr in den vorbezeichneten 4 Markthallen wird durch die umstehend abgedruckten beiden Polizei-Verordnungen

vom 6. April 1886 und vom 16. April 1886

geregelt.

Berlin, den 30. April 1886.

## Magistrat hiesiger Königlicher Haupt- und Residenzstadt.
### gez. von Forckenbeck.

---

Aus der Sonntagsbeilage der Vossischen Zeitung vom 2. Mai 1886

Standplatz erhielten oder sich keinen leisten konnten, versammelten sich zum Protest gegen die Politik der Stadt. Letztendlich hatten sie aber keine Chance, das Projekt noch zu stoppen.

Am selben Tage wie die Zentralmarkthalle öffneten auch die Markthallen II, III und IV. Weitere sechs Wochenmärkte in der Innenstadt wurden im gleichen Zuge geschlossen, um eine Konkurrenz zu den Hallen zu vermeiden. Die kleineren Markthallen des Markthallenprojekts sollten die einzelnen Stadtteile mit Lebensmitteln versorgen. Bei der Auswahl geeigneter Grundstücke hatten vor allem finanzielle Gesichtspunkte und die Nähe zu den zu schließenden Wochenmärkten den Ausschlag gegeben. Nicht immer ließ sich dieses aber vereinbaren, denn die Bodenpreise um die Märkte waren oft so hoch, daß man auf ungünstiger gelegene Plätze ausweichen mußte.

Voraussetzung für den Kauf der Grundstücke blieb jedoch, daß sie verkehrsgünstig lagen und mindestens an zwei Straßen grenzten, um dadurch einen ungehinderten Warenumschlag in den späteren Hallen zu ermöglichen. Die meisten der dreizehn Markthallen wurden auf dem billigeren Hinterland der Grundstücke gebaut. Auf den der Straße zugewandten Teilen konnten so profitable Wohn- und Geschäftshäuser entstehen. Außerdem ließen sich so die Baukosten senken, denn die Hallen wurden weniger aufwendig gestaltet, da sich die Entwürfe nicht am schon bestehenden Straßenbild orientieren mußten. Passagenähnliche Tordurchfahrten verbanden die Markthallen durch die Vorderhäuser hindurch mit den Straßen. Rechts und links der Durchfahrten waren kleinere Ladengeschäfte oder die Diensträume der Markthallenverwaltung untergebracht. Oberhalb der kunstvoll gestalteten

Innenansicht der Markthalle VIII

und trotzdem geschickt in die Vorderhausfassaden inte-
grierten Tore fanden sich als Hinweise auf die versteckten
Hinterhausgebäude immer die Numerierungen der einzelnen Hallen.

Doch die überwiegend umbauten Hallen sollten nicht
die dunkle Innenhofatmosphäre der Berliner Mietshäuser
widerspiegeln. Es mußte eine Möglichkeit gefunden werden, um Tageslicht und frische Luft hinein zu lassen. Die
Lösung fand sich in Sheddachfenstern, die über den
Standflächen installiert wurden. Die Händler konnten die
Fenster über Ketten direkt vom Boden der Halle aus öffnen und schließen.

Alle Markthallen sollten durchgehend unterkellert werden. Über Treppen und Fahrstühle wurden die Waren aus
der Markthalle in die als Lager genutzten Kellerräume

transportiert. Durch die Kühle der Gewölbe ließen sich die leicht verderblichen Lebensmittel hier relativ lange aufbewahren.

Auch die Markthallen II, III und IV folgten diesem Bebauungsschema. Kurze Zeit nach dem ersten Spatenstich auf dem Gelände der Zentralmarkthalle I begannen die Vorarbeiten für diese ersten Markthallen. Im Frühjahr 1884 wurden die notwendigen Abrisse auf den angekauften Grundstücken durchgeführt, und schon im Sommer konnte mit den Neubauten begonnen werden.

Für die Markthalle II waren die Grundstücke Lindenstraße 97/98 und Friedrichstraße 18 vorgesehen, für die Markthalle III die Zimmerstraße 90/91 und Mauerstraße 82, schließlich für die Markthalle IV die Dorotheenstraße 29 und das Gelände am Reichstagsufer. Die Arbeiten gingen zügig voran, bis sich der Polizeipräsident einschaltete. Er forderte, die Pläne für die Bedachung der Hallen zu ändern, denn die vorgesehene Holzkonstruktion erschien ihm nicht ausreichend feuersicher. Als dann auch noch eine Mindestbreite von 9 m für die Portale verlangt wurde, kam es zu einem längeren Baustop. Im Frühjahr 1885 schaltete sich der Minister des Inneren ein und versuchte den Streit zu schlichten und den Schaden zu begrenzen. Die Lösung lag wie meistens in einem Kompromiß, und so konnten die Bauarbeiten nach einem halben Jahr des Ausharrens Ende April wieder aufgenommen werden.

Die ursprüngliche Planung sah vor, die ersten vier Hallen im Herbst 1885 zu eröffnen. Doch es blieb nicht nur bei einer Verzögerung. Ein großangelegter Maurerstreik und ein strenger Winter sorgten noch einmal dafür, daß sich die Zementarbeiten bis zum Frühjahr 1886 hinzogen.

Markthalle II, die spätere Blumenmarkthalle

Die Eröffnungsfeiern waren auch in den Markthallen ein voller Erfolg. In der Lindenstraße standen die Fuhrwerke in langen Reihen vor den Toren, die dem Andrang kaum gewachsen waren. Eigentlich sollte in der Halle nur mit Lebensmitteln gehandelt werden. Durch Intervention der starken Lobby der Blumenhändler wurde jedoch für jene Händler ein abgetrennter Raum von 250 qm für den Groß-handel mit Blumen eingerichtet. Während die übrigen Markthallen eine Grundfläche von 3.000 bis 4.000 qm er-reichten, wurde die Markthalle in der Lindenstraße mit einer Länge von 120 m und einer Breite von 50 m zur Größten ihrer Art in der Reichshauptstadt. Die Zahl der Blumenhändler wurde nur durch die vielen Schlachter überboten, die ihr Tagewerk sofort mit großer Zuversicht aufnahmen.

Gegen sieben Uhr kamen bereits die ersten Kunden in die drei neuen Markthallen, zunächst verhalten, dann aber geballt. In der Markthalle III fielen als erste Käufer einige Junggesellen ins Auge, die sich am reichhaltigen Angebot erfreuten und sich mit Kiebitzeiern, Spargel und anderen Delikatessen eindeckten. Während bei anderen Hallen die Hinterhöfe gerade ausreichten, um einigen Fuhrwerken als Parkraum zu dienen, siedelte sich auf den beiden freien Hofflächen um die Halle in der Dorotheenstraße alsbald der Markt der Obstbauern an, denn das Obst aus Werder konnte direkt auf Kähnen über die Spree angeliefert werden. Am Ende des ersten Tages zeigten sich Händler und Kunden höchstauf zufrieden mit ihren Geschäften.

Im zweiten Bauabschnitt, von 1886 bis 1888, wurden weitere vier Kleinmarkthallen fertiggestellt. Bereits am 14. Februar 1884 hatte die Stadtverordnetenversammlung beschlossen noch drei »Hinterhof-Hallen« und eine freistehende Markthalle aufzubauen.

Der Magdeburger Platz befand sich in städtischer Hand und war von seiner Lage her geeignet, die westlich des Zentrums gelegenen Bezirke mit Lebensmitteln zu versorgen. So war es nicht schwer, sich auf die Lage der Markthalle V festzulegen. Weitaus schwieriger gestaltete sich allerdings die Ausarbeitung der Baupläne für die freistehende Halle. Immer wieder verzögerten Einsprüche der Anwohner, die um den Magdeburger Platz lebten, den Baubeginn. Erst am 23. Juni 1887 konnte der endgültige Bauplan von der Stadtverordnetenversammlung verabschiedet werden.

Markthalle V

Auf dem Magdeburger Platz sollte mit der Markthalle V eine Art »Markthallenbasilika« entstehen. War sie auch von der Größe her nicht mit der Zentralmarkthalle zu vergleichen, so stand sie jener in ihrer geplanten aufwendigen Anlage doch kaum nach. Die Fassadengestaltung der Längs- und Breitseiten wurde einheitlich geplant, keine Seite sollte als Hauptfront hervorgehoben werden. So erhielt die Halle auch vier Portale, eines an jeder Seite, durch die die Waren transportiert werden sollten und die Kunden die Halle betreten konnten.

Da die Markthalle V freistehend auf einem Platz geplant war, war es nicht nötig, das Tageslicht durch Sheddachfenster in den Innenraum zu lassen. Das Gebäude sollte rundum Fenster erhalten. Außerdem war die Dachkonstruktion in zwei Teile unterteilt: das flach geneigte untere und das abschließende obere Walmdach. Verbunden wurden die beiden durch eine langgestreckte Glaswand, durch die noch mehr Licht seinen Weg in das Innere des Gebäudes finden konnte.

Gestaltete sich die Verabschiedung der Baupläne für die Markthallen VI, VII und VIII auch weitaus weniger problematisch, so wurde sich der Magistrat doch lange nicht darüber einig, welche Grundstücke angekauft werden sollten. Schließlich entschied man sich für die Ackerstraße 23–26 und Invalidenstraße 158 für die nördliche Markthalle VI. Für die Markthalle VII, die die südlichen Bezirke versorgen sollte, wurde das Grundstück Dresdener Straße 27, Buckower Straße 15 und Luisenufer 15–16 durch die Stadt erworben. Hier sollte weder eine freistehende Halle noch eine Halle auf dem Hinterland oder zwischen Mietshäusern entstehen, sondern – als einzige ihrer Art – eine Halle auf einem Eckgrundstück mit direkter durchgehender Straßenfront. Im östlichen Stadtbereich wurde schließlich noch das Gelände zwischen der Andreasstraße 56, der Krautstraße 48a und Grünerweg 96 für die Markthalle VIII aufgekauft. Am 29. Juni 1887 wurden die Pläne von den Stadtverordneten verabschiedet, und im Laufe des Jahres 1888 konnten die Bauarbeiten an allen vier Hallen beendet werden. Als erste der vier Hallen öffnete die Markthalle VI am 2. Februar ihre Tore für Händler und Kunden. Eingezwängt zwischen Mietshäusern wirkte sie äußerlich eher unscheinbar. Doch durch die direkte Nachbarschaft ergab sich auch ein großer Vorteil der Halle: die Häuser »wärmten« von außen und isolierten sie gegen die eisige Kälte der harten Winter.

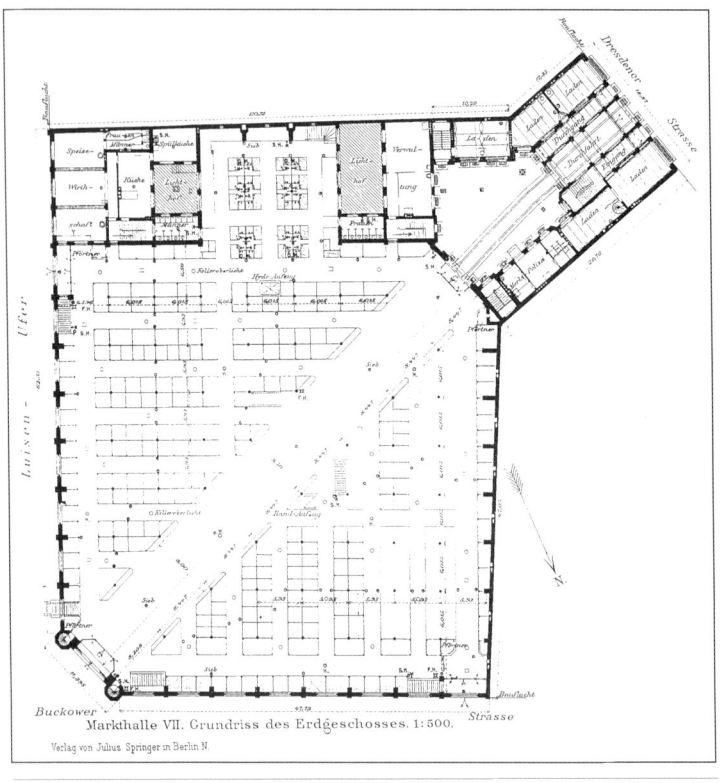

Grundriß der Markthalle VII

Die »Ackerhalle«, die auch bald den Spitznamen »alte dicke Dame« bekam, wurde zur wärmsten Halle Berlins. Später installierte man noch zusätzlich Kanonenöfen, so daß die Temperaturen im Innenraum nie unter +4 Grad sanken.

Die Einweihung war ein großes lokales Ereignis. 344 Stände – davon allein 149 für Obst und Gemüse und 79 für

Fleisch und Wurst – warteten gefüllt darauf, die neugierigen Passanten zum Kauf zu bewegen. Doch das Publikum in den nördlichen Bezirken war oft knapp bei Kasse. Aus diesem Grunde hatten auch viele Markthändler darauf verzichtet, einen Stand in der Halle zu eröffnen. Waren ihre Geschäfte auf dem Teutoburger Platz, dem Arkona- und dem Gartenplatz noch relativ gut gelaufen und die Standgebühren tragbar gewesen, so versprachen sie sich von einem Hallenplatz hier nur Verluste. Als die Märkte geschlossen wurden, glaubten sie nicht, daß die römischen Götter Minerva als Herrin des Handwerks und Merkur als Gott des Handels, des Warenverkehrs und des Gewinns, die als Relief in das Rundbogenportal eingelassen waren, auch ihre Glücksboten sein sollten. Die Geschäfte in der Ackerhalle liefen jedoch so gut an, daß die Händler ihren Entschluß bald bereuten.

Im Mai des Jahres 1888 wurden zwei weitere Hallen eröffnet: am 2. Mai die Markthalle VIII und am 23. Mai die Markthalle VII. Beide standen ihren Vorgängerinnen in den jeweiligen Ausmaßen in nichts nach. Die Markthalle VII machte aber durch ihre beiden direkt an die Ecke Buckower Straße und Luisenufer grenzenden Fassaden eine neuartige Gestaltung erforderlich. Das Zentrum der Halle bildete die diagonal durch den Innenraum verlaufende Durchfahrt, von der die Seitenwege im Grätenmuster abzweigten. Nach außen spiegelte sich dies durch die markanten Fassaden wider. Zu beiden Straßenseiten erhoben sich acht aneinandergereihte Giebel. Das Hauptportal, das die Fassaden verband, wurde als eine große Doppelturmfassade gestaltet. Darüber befand sich zwischen den beiden hohen achteckigen Türmen noch ein zusätzliches Arkadengeschoß.

Haupteingang der Markthalle VII Ecke Luisenufer / Buckower Straße

Als letzte Halle des zweiten Bauabschnitts nahm die
Markthalle V am 21. November 1888 ihren Betrieb auf, und
schon bald war sie aus dem westlichen Stadtbereich nicht
mehr wegzudenken. Walter Benjamin gehörte zu ihren
großen Anhängern und widmete ihr und den in ihr verkaufenden Hökerinnen das Feuilleton »Markthalle am
Magdeburger Platz«: »Da (…) thronten die schwerbeweg-
lichen Weiber, Priesterinnen der käuflichen Ceres, Marktweiber aller Feld- und Baumfrüchte, aller eßbaren Vögel,
Fische und Säuger, Kupplerinnen, unantastbare strickwol-
lene Kolosse (…). Brodelte, quoll und schwoll es nicht un-
term Saum ihrer Röcke? (…) Warf nicht in ihren Schoß ein
Marktgott selber die Ware …«.

Markthalle IX

Die ersten acht Markthallen brachten gute Erträge. Die Berliner Bevölkerung akzeptierte die neue Form einzukaufen und schloß die Hallen in ihr Herz. So entschied die Stadtverordnetenversammlung 1889 bis 1891, noch sechs weitere Markthallen in den Stadtteilen Moabit, Wedding, Gesundbrunnen, Schönhauser Vorstadt (Prenzlauer Berg), äußere Luisenstadt (nördliches Kreuzberg) und Tempelhofer Vorstadt (südliches Kreuzberg) zu bauen. Darüber hinaus sollte eine weitere Zentralmarkthalle Ia für den Großhandel errichtet werden, da die alte Markthalle am Alexanderplatz durch den gestiegenen Warenumschlag völlig überlastet war.

Die dritte Phase des Bauprogramms wurde eingeleitet,

und bereits im Sommer 1893 umfaßte das Berliner Markt-hallennetz sieben weitere Hallen. Als erstes konnten die Bauarbeiten an der Markthalle IX abgeschlossen werden. Der Magistrat hatte in der äußeren Luisenstadt ein Grund-stück erworben, das damals noch unbebaut war. Zur Pücklerstraße 43–44 und Eisenbahnstraße 42–43 wurden als Kopfbauten der Halle zwei Vorderhäuser errichtet. Auf ihrem Hinterland wurde eine Markthalle hochgezogen, die Platz genug für 300 Stände bot. Die Durchfahrt der Halle verband die beiden Häuser, in denen zu beiden Seiten der Durchfahrt Läden bzw. das Fleischbeschaueramt und eine Gaststätte untergebracht waren. Am 1. Oktober 1891 nahm die Markthalle IX ihren Betrieb auf und ersetzte damit den Wochenmarkt auf dem Lausitzer Platz.

Nur zwei Monate später öffnete im Nordwesten der Stadt eine weitere Markthalle ihre Pforten. Moabit war in kür-zester Zeit zu einem Industrieviertel mit über 100.000 Ein-wohnern herangewachsen. Schon lange hatte der Markt auf dem Arminiusplatz der großen Nachfrage der Bevöl-kerung nicht mehr gerecht werden können. Jetzt blickte man mit Stolz auf die Markthalle X, die auf einem ehema-ligen städtischen Steinlagerplatz in unmittelbarer Nähe des geschlossenen Wochenmarktes errichtet worden war. Die Zeitungsschreiber glaubten zunächst nicht an den Erfolg der Arminiushalle. So fand sich in den Moabiter Nachrich-ten 1891 die Prognose: »Es wird nicht lange dauern, und Spatzen und Krähen werden in dieser Markthalle die allei-nigen Besucher sein.« Die täglichen Umsatzzahlen bewie-sen den Journalisten schon bald das Gegenteil.

Waren bei der ersten freistehenden Markthalle V auf dem Magdeburger Platz die Fassaden rundherum einheitlich gestaltet worden, so war an der Arminiushalle klar zu

Markthalle X

erkennen, daß die Hauptfront der Halle die südliche Fassade war. Vor ihren Toren lag der Arminiusplatz, der zu einer ansehnlichen öffentlichen Grünanlage umgestaltet werden sollte. Die Stirnseite der Halle wurde vor der Wirtschaft und den Läden mit einer Loggia aus Rundbogenarkaden versehen. Unter ihr konnten die Besucher des Platzes Schutz vor plötzlichem Regen finden. Heute würde man einen solchen Vorbau wohl unter »Marketing« verbuchen, denn gleichzeitig lockte er die Schutzbefohlenen in die Halle oder ihre Wirtschaft.

Die gegenüberliegende Front wurde durch den ihr vorgesetzten massiven Gebäudekomplex bestimmt, in dem sich die Hallenverwaltung, Lagerräume und eine Woh-

nung befanden. An den Seiten nahmen die Rundbogen-
fenster und die beiden Portale die Gestaltung der Hauptfront wieder auf.

Das Grundstück war so groß, daß nicht nur die Halle
mit ihren 400 Ständen und vielen Nebenräumen Platz fand,
sondern zusätzlich auch noch Wiegeeinrichtungen installiert werden konnten. In den Bürgersteig zur Jonasstraße
wurde eine Waage eingelassen, die 14 t Tragkraft hatte.
Abgelesen werden konnten die Gewichte in einem Ex-
peditionszimmer an der Ecke Jonasstraße/Arminiusplatz,
wo sich auch noch weitere kleinere Waagen befanden.

Die Markthalle XII zwischen der Grüntalerstraße 3–4 und
der Badstraße 10–10a konnte bereits am 8. Februar 1892
eröffnen. Ihr Baustil glich dem der anderen auf Hinterland
erbauten Hallen. Allerdings ergab sich durch die Lage der
Grundstücke ein ungewöhnlicher Grundriß. Während die
Badstraße in Ost-West-Richtung verlief, kreuzte sie die in
Nord-Süd-Richtung verlaufende Grüntalerstraße kurz hinter dem in der Badstraße erworbenen Grundstück. Verband die Durchfahrt durch die Hallen ansonsten meistens
zwei Parallelstraßen, ergab sich hier am Gesundbrunnen
ein über Eck verlaufender Grundriß des Gebäudes. Die
Markthalle XII umschloß von den Vorderhausfassaden
über die Hinterlandbebauung einen an der Straßenecke
Badstraße/Grüntalerstraße befindlichen Gebäudeblock.
Mit der Einweihung der Halle mußte auch hier ein
Wochenmarkt weichen: der Markt an der Prinzen-Allee
wurde geschlossen.

Nur einen guten Monat später folgte die Markthalle XI.
In der wohlhabenden Tempelhofer Vorstadt waren die
Grundstückspreise extrem hoch. So entschied man sich,
die Halle auf dem Marheinekeplatz zu errichten, der in

44

städtischem Besitz war. Der Platz war so groß, daß es ausreichte, nur den westlichen Teil zwischen Zossener-, Mittenwalder- und Bergmannstraße zu bebauen. Die dritte freistehende Markthalle Berlins wirkte in sich sehr schlicht und massiv. Zwar ähnelten sich die Dachkonstruktionen aller auf Plätzen errichteten Markthallen mit ihren herausgehobenen Mittelbauten, die Marheinekehalle besaß aber weder die ausgeglichene Fassadengestaltung der Markthalle V noch eine derart aufwendig gestaltete Hauptfassade wie die der Arminiushalle. Und doch hatte auch diese Halle ihr schmückendes Beiwerk: auf dem umlaufenden Dachgesims, das durch Terrakottaornamente verziert war, fanden sich an den Längsseiten symbolische Krüge des Reichtums.

Das Gebäude der Markthalle XI erhob sich über einem langgestreckten rechteckigen Grundriß und wurde an den 106 m langen Schmalseiten von zwei massiven Kopfbauten abgeschlossen. In der Mitte der Kopfbauten befanden sich die beiden Portale, die aber nicht dem Verkehr von Fuhrwerken dienten. Die Halle konnte nicht befahren werden. Die Waren wurden über die Seiteneingänge in die Lagerkeller gebracht. Vom Inneren der Halle aus konnten die Händler dann direkt in die Keller gehen, um Nachschub zu holen oder ihre Bestände zu kontrollieren.

Nicht einmal ein Jahr dauerten die Bauarbeiten an der Halle. Von Ende Februar bis zum Juli 1891 brauchten die Maurer, um die Umfassungsmauern hochzuziehen. Danach begannen die Handwerker, die vorgefertigten Stahlträger für das Dach aufzusetzen, und schon am 15. März 1892 war der große Tag gekommen: die Marheinekehalle wurde in Betrieb genommen.

Im Sommer erhielt dann auch die Schönhauser Vorstadt

Grunderwerbs-, Baukosten und Inventarwerth: Ende März 1895.

| Bezeichnung der Markthallen | Grund-erwerbskosten ℳ. | Baukosten und innere Einrichtung ℳ. | Inventar-werth am 31. März 1895 ℳ. | Zu-sammen ℳ. |
|---|---|---|---|---|
| Central-Markthalle I einschl. Eisenbahn-anschluß . . . . | 2 676 686 | 2 354 661 | 32 370 | 5 063 717 |
| „ Ia (Neue Friedrich-straße 29/33) . . | 2 794 170 | 2 860 874 | 2 227 | 5 157 271 |
| Markthalle II, Lindenstraße 97 98 und Friedrichstraße 18 . . . | 1 370 000 | 1 702 141 | 18 735 | 3 090 876 |
| „ III, Zimmerstraße 90/91 und Mauerstraße 82 . . . . | 850 600 | 646 375 | 9 520 | 1 506 495 |
| „ IV, Dorotheenstraße 29 und Reichstagsufer . . . . | 1 250 000 | 782 259 | 12 397 | 2 044 656 |
| „ V, Magdeburger Platz . . | 93 240 | 341 881 | 9 720 | 444 841 |
| „ VI, Ackerstraße 23/26 und In-validenstraße . . . . | 620 000 | 547 820 | 12 633 | 1 180 453 |
| „ VII, Dresdener-, Bulowerstraße und Luisenufer . . . . | 985 400 | 725 817 | 12 596 | 1 723 813 |
| „ VIII, Andreas-, Krautstraße und Grüner Weg . . . . | 835 000 | 632 849 | 17 251 | 1 485 100 |
| „ IX, Pücklerstraße 43/44 und Eisenbahnstraße 42 . . | 621 000 | 569 657 | 21 581 | 1 212 328 |
| „ X, Arminiusplatz . . . . | 439 040 | 796 578 | 23 816 | 1 259 434 |
| „ XI, Markthalleplatz*) . . . | — | 482 316 | 15 875 | 498 191 |
| „ XII, Grünthalerstraße 3/4 und Badstraße 10 . . . . | 391 345 | 614 244 | 18 348 | 1 023 937 |
| „ XIII, Wörtherstraße 45 und Tres-kowstraße 14 . . . . | 400 574 | 756 549 | 19 040 | 1 176 163 |
| „ XIV, Reinickendorferstraße 2 . | 450 000 | 632 083 | 24 061 | 1 106 144 |
| Ueberhaupt . . | 13 777 145 | 13 946 104 | 250 170 | 27 973 419 |
| Außerdem Markthallenbüreau . . | — | — | 2 357 | 2 357 |
| Zusammen . . | — | — | 252 527 | 27 975 776 |

Inventarwertverzeichnis aller Berliner Markthallen aus dem Jahr 1895

(Prenzlauer Berg) ihre Markthalle. Am 1. Juli wurde die Markthalle XIII auf dem Hinterland zwischen der Wörtherstraße 45 und der Treskowstraße 14 eröffnet. Auffällig und zugleich geschmackvoll war der Hof zwischen dem schmalen Vorderhaus zur Wörtherstraße und der Halle gestaltet. Die an den Hof angrenzende Gaststätte hatte durch eine vorgesetzte Begrünung den Händlern und Kunden ein angenehmes Flair zu bieten. Gerne legte man hier eine Pause vom Tageswerk ein und besann sich des Kommenden.

Als letzte Markthalle des Markthallenprojekts machte am 1. September 1892 im Wedding zwischen der Reinickendorferstraße 2d–e und der Dalldorferstraße 21–22 die Markthalle XIV ihre Tore auf. Auch diese Halle stand auf dem Hinterland der den Straßen zugewandten Vorderhäuser. Das Problem, das sich durch das ungünstig geschnittene Grundstück ergab, löste man hier nicht durch einen über Eck verlaufenden Grundriß der Halle, sondern durch eine Veränderung der üblichen Durchfahrt. Sie verlief zunächst in der Halle über den größten Teil von Süden aus in Richtung Norden, parallel zu den Längsseiten der Halle und bog kurz vor dem Ende der Halle nach Osten ab. Dort traf die Durchfahrt auf den Hof, der hinter dem Vorderhaus zur Reinickendorfer Straße lag. Durch ein Portal gelangten die Passanten wieder auf die Straße.

Mit der Eröffnung der Markthalle XIV wurde der letzte Wochenmarkt im Stadtgebiet auf dem Nettelbeckplatz geschlossen. Nur in den Außenbezirken wurden noch Markttage abgehalten: auf 91 privaten und 59 städtischen Plätzen wurde in althergebrachter Weise gefeilscht und gehökert.

Schon kurze Zeit nach der Eröffnung der Zentralmarkthalle am Alexanderplatz hatte sich bewahrheitet, was von Anfang an befürchtet worden war: der Marktverkehr hatte derart zugenommen, daß ein Erweiterungsbau unin den 15 städtischen Markthallen seit 1889/90, event. seit Eröffnung, bis 1894/95.

| Markthalle | 1889/90 | 1890/91 | 1891/92 | 1892/93 | 1893/94 | 1894/95 |
|---|---|---|---|---|---|---|
| | ℳ. | ℳ. | ℳ. | ℳ. | ℳ. | ℳ. |
| Centralhalle I . . . . . | 548 983 | 556 357 | 572 886 | 574 226 | 454 815 | 428 194 |
| " Ia . . . . . | — | — | — | — | 273 207 | 386 780 |
| Markthalle II . . . . . | 227 704 | 226 543 | 226 567 | 221 278 | 224 256 | 228 988 |
| " III . . . . . | 119 495 | 108 711 | 101 501 | 96 318 | 92 398 | 91 523 |
| " IV . . . . . | 93 514 | 88 687 | 87 663 | 87 578 | 86 326 | 84 992 |
| " V . . . . . | 93 060 | 91 695 | 90 985 | 89 872 | 89 819 | 90 145 |
| " VI . . . . . | 116 790 | 113 160 | 109 865 | 108 441 | 111 954 | 108 461 |
| " VII . . . . . | 140 995 | 139 875 | 138 148 | 136 391 | 134 047 | 133 040 |
| " VIII . . . . . | 142 686 | 141 008 | 140 907 | 139 083 | 141 230 | 142 133 |
| " IX . . . . . | — | — | 40 848 | 45 504 | 43 316 | 47 965 |
| " X . . . . . | — | — | 31 951 | 43 796 | 40 697 | 40 184 |
| " XI . . . . . | — | — | 4 874 | 51 399 | 42 252 | 44 517 |
| " XII . . . . . | — | — | 6 478 | 15 866 | 9 155 | 7 757 |
| " XIII . . . . . | — | — | — | 29 898 | 31 684 | 31 418 |
| " XIV . . . . . | — | — | — | 67 796 | 114 586 | 111 708 |

Jährliche Standgeldeinnahmen aus den Jahren 1889 bis 1895

umgänglich war. Die Stadt erwarb die Grundstücke Neue Friedrichstraße 29 und 30, die mit den stadteigenen Grundstücken Neue Friedrichstraße 32–34 für den Bau der Zentralmarkthalle Ia benötigt wurden.

So konnte die neue Halle direkt neben der alten Zentralmarkthalle entstehen, nur durch die Kaiser-Wilhelm-Straße getrennt. In ihrer Konstruktion und Konzeption gab es kaum Unterschiede. Der Wagenverkehr konnte aber über zwei Hauptdurchfahrten durch die Halle gelenkt werden. Die Markthalle, die Anschlußviadukte und die Stadtbahnbögen waren unterkellert und boten genug Platz zur Lagerung von Waren und für den Einbau moderner Kühlanlagen und für mehrere Maschinenkeller. Um den moder-

Zentralmarkthalle Ia

nen Kühlraum der Zentralmarkthalle Ia auch für Waren der Zentralmarkthalle I nutzen zu können, verband man beide Hallen durch einen vier Meter breiten Tunnel.

Kurz bevor die Halle fertiggestellt werden konnte, brach im Keller ein Feuer aus. Es entstand ein Sachschaden in Höhe von fast 200.000 Mark. Die eigentliche Zeitplanung konnte jetzt nicht mehr eingehalten werden: am 1. Juli 1893, mit fast einem halben Jahr Verzögerung, wurde die Halle dem Großhandel übergeben. Während die alte Zentralmarkthalle ihren Detailhandel erweiterte, ging der Großhandel für Fleisch, Obst, Gemüse und Räucherwaren fast vollständig auf die neue Halle über.

Die Inbetriebnahme der zweiten Großmarkthalle markierte das Ende des Bauprogramms. Innerhalb von knapp zehn Jahren war es der Stadt gelungen, die Wochenmärkte im Stadtgebiet durch den Bau von insgesamt fünfzehn Markthallen zu ersetzen. Die Gesamtkosten des Markthallenbaus beliefen sich auf 27.975.776 Mark, die zur Hälfte für den Erwerb der Grundstücke, zur Hälfte für die Baukosten und Installationen aufgewendet wurden.

## 4. Kapitel

# Vom Brodeln im Bauch

Die neuen Markthallen fanden von Anfang an großen Anklang bei den Kunden. Endlich mußten die Hausfrauen nicht mehr bei Wind und Wetter über die Wochenmärkte hasten, um aus Körben und von Decken Frischwaren für die kommenden Tage zusammenzuklauben. Wie anders präsentierten sich hier die Waren. Das Einkaufen wurde zu einem wahren Vergnügen, und schon bald kam man nicht mehr nur zum Kaufen, sondern auch, um mit den Händlern oder Nachbarn ein Schwätzchen zu halten, um in angenehmem Ambiente über Gott und die Welt zu parlieren.

Nicht zuletzt sorgten die Öffnungszeiten für den Erfolg der Markthallen. Wann die Hallen morgens ihre Tore aufmachten, hing von der Jahreszeit ab: im Winter wurde dem späten Sonnenaufgang Tribut gezollt und erst eine Stunde später geöffnet. An Werktagen dauerte der Großhandel von 3 bzw. 4 bis um 10 Uhr morgens, der Detailhandel von 6 bzw. 7 bis um 20 Uhr, sonnabends sogar bis um 21 Uhr. Zur Mittagszeit wurden die Hallen für drei bis vier Stunden für den Kundenverkehr geschlossen. Auch an Sonn- und Feiertagen war es möglich, bis um 9 Uhr vormittags seine Einkäufe in den Hallen zu erledigen. Man erinnere sich nur an die Wochenmärkte, die im allgemeinen nur an zwei Vormittagen der Woche stattfanden!

Der Bauch vor dem Brodeln: Markthalle XIV

Gerade der Nachmittagsverkehr nahm in den Hallen rasch an Bedeutung zu, denn endlich war auch den Hausfrauen, deren Vormittage durch »häusliche Pflichten« angefüllt waren, Gelegenheit zum besonnenen Einkauf und Flanieren gegeben.

Im Inneren der Markthallen befanden sich die eigentliche Marktfläche und die anliegenden Räumlichkeiten. Durch die Marktfläche verlief in den meisten Hallen eine drei bis neun Meter breite Durchfahrt. Von dieser gingen wiederum kleinere, etwa zwei Meter breite Gänge ab, so daß einzelne Standinseln entstanden.

Hier konnte gekauft werden, was das Herz begehrte: Obst und Gemüse, Fisch und Fleisch, Butter, Brot und

Blumen. Einen Hauch von Exotik brachten die Kolo-
nialwaren aus Übersee in die Halle: Kaffee, Tee, Kakao,
Vanille und Muskatnüsse setzten der Berliner Luft den
»Duft der großen weiten Welt« entgegen. »Afrika liefert
(...) Gemüse, Amerika Obst und Lachs, Australien Äpfel
und Südfrüchte, und Asien ist Lieferant aller Arten von
Lebensmitteln, die von der tropischen Zone bis zu den
südlichen Grenzen der Eisfelder Sibiriens gedeihen.«

Das Angebot wurde aber hauptsächlich durch die frischen Lebensmittel aus der näheren Umgebung Berlins –
der Mark Brandenburg, der Magdeburger Börde und dem
Havelland – bestimmt.

Auch kleinere lebende Tiere und allerlei Hausrat und
Bedarfsartikel – von der Stiefelwichse bis zum Strumpf-
halter – fanden sich auf und um die Stände wieder. Was
verkauft werden durfte, regelte die Polizeiverordnung, wo,
auf welchem Stand in der Markthalle es dargeboten wurde, die Marktordnung.

Während die Stände für Obst, Gemüse, Milchprodukte,
Teigwaren und Artikel des täglichen Bedarfs entlang der
freistehenden gußeisernen Säulen der Verkaufshallen zu
Standinseln zusammengefaßt wurden, waren die Fleisch-
und Geflügelstände an den Außenmauern postiert. Hier
war es möglich, an stabilen Stahlvorrichtungen Haken zu
befestigen, die die schweren Rinderviertel und Schwei-
nehälften tragen konnten.

Mit dem Komfort zusätzlicher Einrichtungen und mit
den erwarteten Umsatzmargen stieg auch die jeweilige
Standgebühr. Mußten die Schlächter schon hohe Beträge
entrichten, so nahmen die Fischhändler auf ihren Standinseln doch die Spitzenposition ein. Sie benötigten für ihre
Warendarbietung zusätzliche aufwendige Wasserinstalla-

tionen, denn die Fische wurden zumeist lebend angeboten. In Marmorbecken, die durch verzinkte Wasserrohre ständig mit frischem Wasser versorgt und durch elektrische Umwälzpumpen belüftet wurden, schwammen die Fische ihre Runden. Weniger Aufwand erforderten die Fischstände, die die leblosen Artgenossen auf zerstoßenem Eis lagerten, das stangenweise aus benachbarten Kühlhäusern herangeschafft wurde.

Ein Großteil der Standinhaber in den Kleinmarkthallen setzte sich aus den Händlern und Verkäufern der ehemaligen Wochenmärkte zusammen. Viele waren zunächst nur widerwillig in die Hallen umgezogen, denn das Standgeld war dort höher als auf den Märkten, und die Umsätze waren ungewiß. Jahrelang hatten sie an den gleichen Plätzen auf den Wochenmärkten ihre Waren feil geboten und sich dadurch eine Stammkundschaft aufgebaut. Wer sollte ihnen garantieren, daß sie ihnen treu blieb?

Die Preise für die Standflächen waren so berechnet, daß sich die Markthallen finanziell selbst tragen konnten. Schließlich wurden sie nicht gebaut, um einen Überschuß zu erwirtschaften, als Spekulationsobjekt, oder um durch Steuergelder subventioniert zu werden. Schon in den ersten Jahren stellte sich die Verkaufsbilanz der Hallen so günstig dar, daß die Standgelder wiederholt gesenkt wurden.

Die Senkung der Standgelder verringerte das Risiko, trotzdem konnten viele Hausierer und Kleinwarenhändler die Summen für einen Standplatz nicht aufbringen. Auch die Händler, die keinen Stand brauchten und mobil von ihren Bauchläden und Karren aus verkauften, mußten sich neue Wirkungskreise suchen. Die Marktordnung hatte ihnen einen Riegel vorgeschoben. Sie schrieb vor, daß »jeg-

Obst- und Fleischstände in der Markthalle II

liche Verletzung des Anstandes und jede Störung der öffentlichen Ruhe und Ordnung zu unterlassen« sei.

Aber nicht nur die fliegenden Händler sollten so ferngehalten werden, auch die Marktfrauen, liebevoll Madameken benannt, bekamen einen »Maulkorb« verpaßt. Unter der Lautstärke, die sich beim Feilschen und Abhandeln von Preisen in den Hallen entwickelt hätte, hätte ein geregelter Handelsablauf gelitten. Die Berliner Schnauze läßt sich allerdings kaum per Dekret verbieten, und so wurde die Ware auch in den Hallen, zwar gezügelt, aber doch in althergebrachter Weise angepriesen.

Es waren hauptsächlich Frauen aus den unteren sozialen Schichten, die von morgens bis abends hinter den Ständen

standen. Kaum eine konnte auf eine kaufmännische Aus-
bildung verweisen, und doch lebten viele Familien hauptsächlich von ihrem Verdienst. Die Männer sah man nur in
den Morgenstunden die auf dem Großmarkt gekauften
Waren in die Stände transportieren, bevor sie ihrer eigenen Arbeit nachgingen.

Neben den Verkaufsflächen brauchten die Händler noch
Raum für die Zwischenlagerung ihrer Waren. Im Keller
der Hallen gab es Verschläge, die hierfür zusätzlich ange-
mietet werden konnten. Sie durften aber nicht genutzt werden, um dort lebendes Vieh unterzubringen, zu schlachten
oder um Unrat zu sammeln, anderenfalls drohte die sofor-
tige Kündigung.

Trotz dieser Vorschrift war es unmöglich, die Gewölbe
völlig sauber zu halten. Bei dem täglichen Umschlag an
Lebensmitteln fiel doch immer wieder ein Leckerbissen für
die Ratten der Umgebung ab, die sich gerne in den Kellern
niederließen und durch das große Nahrungsangebot rasch
vermehrten. Um der Lage Herr zu werden, durften die
Händler in der Marheinekehalle in ihren Verschlägen Katzen halten. Nun ist aber leicht einzusehen, daß eingesperr-
te Katzen kaum die Verfolgung der Plagegeister aufnehmen konnten. Aus den Türen der Verschläge wurden deshalb Latten entfernt und das Resultat war, daß zwar weniger Ratten, dafür aber immer mehr Katzen durch die Verschläge tobten und sich ein zunehmender Gestank breit
machte.

Später schalteten die Händler gemeinschaftlich einen
Kammerjäger ein, der Terrier zur Rattenjagd hielt. Mit seinem Pferdekastenwagen fuhr er vor der Halle vor, aus
jeder Tür sprang einer der Hunde, um die Verfolgung der
Ratten aufzunehmen. Doch auch sie brachten keinen end-

Kühlraum in der Zentralmarkthalle I

gültigen Erfolg, denn während ihrer Aufspürarbeiten in den Gängen der Markthalle verrichteten sie ihre Notdurft an den Lebensmitteln der Händler. Das blieb natürlich nicht ohne Folgen – die Hygienevorschriften in der Halle wurden streng gehandhabt – und auch die Hunde verloren ihren »Job«. Erst der Einsatz eines Rattengifts, das für Menschen und Haustiere unschädlich war, half, die Plage in den Griff zu bekommen.

An die Markthallen angeschlossen fand sich separat, vom Verkauf in der Halle abgetrennt, häufig eine Speisewirtschaft. Der gastronomische Betrieb lief auch außerhalb der Hallenöffnungszeiten an Sonn- und Feiertagen und abends bis zur Polizeistunde. Zwar kamen die Fleisch- und Gemüsehändler, um dort Geschäftsabschlüsse zu tätigen. Die Hauptkundschaft waren aber Passanten und Kunden und nicht die Standinhaber. Die gingen meist über Mittag nach Hause und versorgten sich dort, statt die deftige Berliner Küche in der Wirtschaft zu genießen. Es war aus Sicherheitsgründen ausdrücklich verboten, in den Ständen zu kochen. Die Restauration bot aber einen besonderen Service: die Händler konnten ein Stück Fleisch abgeben und es sich dort zubereiten lassen.

Einen größeren Umsatz versprach der Verkauf von Getränken. Gerade in der kalten Jahreszeit konnte heißer Kaffee, Tee oder gar ein Glühwein den Händlern in den kühlen Hallen eine große Hilfe sein. Nur die Hallenwirtschaft hatte die Erlaubnis, die Standinhaber mit Speis und Trank zu versorgen. Durch eine Durchreiche wurden die Wünsche direkt von der Restauration ins Halleninnere geliefert. Eine Bedienung, die zuvor durch die Gänge gegangen war, um die Wünsche aufzunehmen, servierte dann am jeweiligen Stand.

Geflügelstand in der Zentralmarkthalle I

In einem abgeschlossenen Teil der Markthalle, häufig an der Schmalseite des Gebäudes, waren das Fleischbeschauamt, die Marktpolizei und die Markthallenverwaltung untergebracht. Die Marktpolizei bestand aus einem Hallenpolizisten, der dem nächsten Polizeirevier unterstellt war. Er machte seine Rundgänge durch die Halle und achtete darauf, daß die polizeilichen Verordnungen für den Warenhandel und die Hygiene eingehalten wurden. Die Warenbenennungen und Preisangaben, die Trennung von Warengruppen und die Eichung der Waagen kontrollierte er mit scharfem Blick und preußischer Genauigkeit. Die Veterinäre, die stichprobenhaft die Fleischbestände überprüften, ließen sich nur zu gern polizeilich begleiten. Es kam schon vor, daß die Schlächter handgreiflich wurden, wenn ihre Waren Grund zur Beanstandung gaben und vom Verkauf zurückgezogen werden mußten.

Die Verwaltung der Markthallen war streng hierarchisch organisiert. An der Spitze des Behördenapparats der Stadt Berlin stand die am 1. April 1894 eingesetzte »Städtische Markthallen-Deputation«. Sie löste das während der Bauarbeiten der ersten vier Markthallen gebildete Kuratorium für die städtischen Markthallen ab. Die Zusammensetzung des Leitungsgremiums durch zehn Stadtverordnete und fünf Magistratsmitglieder blieb aber bestehen.

Die Deputation war für die allgemeine Verwaltung aller Markthallen und der im städtischen Besitz befindlichen Vorderhäuser verantwortlich. Außerdem stellte sie den geschäftsführenden Markthallendirektor und die leitenden Beamten ein und legte die Gebühren, Mieten und die Konzessionsvergabe für die städtischen Verkaufsvermittler, Makler und Grossisten in der Zentralmarkthalle fest. Die Verkaufsvermittler sollten den selbständig arbeitenden Grossisten und Maklern Konkurrenz machen und dadurch die Preistreiberei unterbinden. Amtliche Preisveröffentlichungen von den Angeboten der Verkaufsvermittler boten den Käufern und Produzenten die Möglichkeit, sich an neutraler Stelle über den Wert der Waren zu informieren.

Dem geschäftsführenden Markthallendirektor standen für die Markthallen Inspektoren, später auch Hallenmeister genannt, für die Zentralmarkthallen ein Oberinspektor mit drei Inspektions-Assistenten zur Seite. Aus Kostengründen konnte nicht jede Halle einen eigenen Inspektor bekommen. Ende der 1890er Jahre verwalteten sieben Inspektoren dreizehn Kleinmarkthallen. Sie waren direkt verantwortlich für den reibungslosen Betrieb und für die korrekte Abrechnung und Verbuchung aller Gelddinge.

Der Halleninspektor war eine Respektsperson. In seiner Amtsuniform – grauer Mantel und Schirmmütze – ging er kontrollierend durch die Gänge und hatte, auch wenn die Halle ihre Tore für die Kunden geschlossen hatte, noch immer, von seiner Wohnung im Gebäude aus, alles im Blick. Nicht zuletzt war es der Inspektor, dem auch die Kinder aus der Nachbarschaft Respekt zollten. Die Hallenwände mit ihren hervortretenden Mauerstreifen waren wie geeignet dafür, als Fußballtore umfunktioniert zu werden. Leider waren die Standinhaber im Innenraum weniger begeistert von dieser Idee. Sie beschwerten sich häufig beim Inspektor, der dann mit lauter Stimme aus der Halle geschossen kam und die Kinder meistens nur noch um die Ecken flitzen sah.

Zum festen Personal der Markthallen gehörten jeweils ein Oberaufseher, ein bis zwei Aufseher sowie Pförtner und ein Wächter. In der Markthalle II mit ihrem Blumengroßmarkt verrichteten sogar vier Aufseher und zwei Wächter ihren Dienst.

Während den Inspektoren die Betriebsführung und die technische Leitung oblag – heute würden sie sicher als Manager bezeichnet –, waren die Aufseher für die Durchführung und Überwachung der Marktverordnung zuständig. Eine ihrer Hauptaufgaben bestand in der Zuweisung von Stand- und Kellerräumen und der Einziehung der Standmiete.

Pedantisch genau war in den Verwaltungsvorschriften festgelegt, wie die Standgelder kassiert werden sollten: die Abnehmer hatten »das tarifmäßige Stand-, Keller- und

Lagergeld an den mit der Gelderhebung betrauten Markt-hallenbeamten gegen gedruckte, auf andere Personen nicht übertragbare Quittungen (Bons) zu zahlen. Diese Quittun-gen (Bons) bestehen aus drei leicht voneinander zu tren-nenden Theilen: aus dem Stamm, der eigentlichen Quit-tung und dem Kontrollabschnitt. Der Stamm verbleibt an der Verkaufsstelle; Quittung und Kontrollabschnitt erhält der Abnehmer, der sie dem revidierenden Beamten auf Erfordern vorzeigen muß. (…) Unmittelbar vor dem Ver-kauf haben (die mit der Gelderhebung betrauten Markt-hallenbeamten) jede einzelne Quittung mit dem ihnen an-vertrauten Tagesstempel zu versehen. Dieser Stempel ist so anzubringen, dass die eine Hälfte die eigentliche Quit-tung, die andere den Kontroll-Abschnitt bedeckt« (§6 der Verwaltungsvorschriften aus dem Jahre 1892).

Aber auch die bis ins kleinste gehenden Vorschriften und Überprüfungen reichen nicht aus. Für die Mitarbeiter in leitender Stellung, die mit Gelddingen betraut waren, galt: Vertrauen ist gut, Kontrolle ist besser, eine Sicherheits-kaution ist am besten. Die Inspektoren mußten 1.000 Mark hinterlegen, die Aufseher als Vertreter der Inspektoren 500 Mark und alle übrigen Beschäftigten 100 Mark. Ihnen durften nur Summen bis zum Zehnfachen dieser Kaution anvertraut werden. Grundlos scheint die Hinterlegung nicht eingeführt worden zu sein. Nicht selten brannten Beamte mit den Geldern durch oder wurden dabei er-wischt, wie sie Bestechungsgelder von Händlern kassier-ten, die einen Stand mieten wollten.

Ihre größten beruflichen Auftritte an Markttagen hatten die Aufseher aber beim Läuten der Glocke. In den ersten Markthallenjahren gingen sie mit einer Handglocke durch die Halle, später dann wurden die Öffnungs- und Schließ-

Wild- und Geflügelstände in der Markthalle II

zeiten mit einer zentralen Glocke angekündigt und wehe dem, der die Zeiten überschritt.

Um noch ein Vielfaches höher als in den Markthallen lag aber die Beschäftigtenzahl in den Zentralmarkthallen: zusammen waren allein vierzehn Pförtner und elf Aufseher tätig. Außerdem waren dort auch noch Maschinisten, Elektriker, Klempner und Heizer beschäftigt. Sie sollten die aufwendigen technischen Einrichtungen warten und instand setzen.

Insgesamt waren in den 1890er Jahren rund 120 Personen in den fünfzehn Hallen fest angestellt. Das Markthallenpersonal hatte für damalige Verhältnisse eine privilegierte Stellung, die sie auch mit ihren blauen Uniformen genügend zur Schau stellten. 1901 wurden alle verbeamtet und hatten dadurch eine gesicherte Stellung, eine Unfallversicherung und einen Pensionsanspruch.

Zwar standen den Beamten der Markthallenverwaltung eine Anzahl an Büros zur Verfügung, worin sie aber nur einen geringen Teil ihrer Arbeitszeit verbrachten. Hauptsächlich marschierten sie durch die Halle und kontrollierten, ob auch nur die vereinbarten Waren durch die Händler angeboten wurden oder wer hinter den Verkaufsständen die Lebensmittel veräußerte. Denn nur der Standinhaber, seine Ehefrau und Kinder durften Waren verkaufen. Für die Beschäftigung von Angestellten mußte eine Sondergenehmigung von der Verwaltung eingeholt werden. So sollte eine Wettbewerbsverzerrung durch die Anmietung mehrerer Stände durch ein und denselben Händler verhindert werden.

Und natürlich waren die Beamten auch dafür zuständig, für Ruhe und Ordnung in den Hallen zu sorgen. Selbst »müßiges, zweckloses Stillstehen, wodurch die freie

Butter- und Geflügelstände in der Zentralmarkthalle I

Passage gehindert und bei etwaiger Ruhestörung der Zusammenlauf vergrößert wird« war strengstens verboten. Lautstark konnte es in den Hallen hergehen, wenn ein Streit unter Händlern auftrat, Unfälle oder Diebstähle das alltägliche Treiben überschatteten. Die Aufseher traten als Schlichter auf und brachten Vergehen zur Anzeige. Der gemütliche Plausch unter Nachbarn wurde nicht unterbunden, solange es niemand wagte, sich dabei eine Zigarette, Zigarre oder Pfeife zu genehmigen. In den Hallen herrschte striktes Rauchverbot. Die Büros nutzten die Aufseher nur für die leidigen Pflichten eines jeden Beamten: das Anfertigen von Listen und Statistiken.

Neben den Angestellten und Beamten gehörten zum Hallenpersonal auch die sogenannten Hallenarbeiter, die je nach Bedarf wochenweise eingestellt wurden. Sie waren für die Reinigung der Hallen zuständig. Mehrmals täglich wurden die Abfälle in den Gängen zusammengefegt. Der Müll wurde dann in eisernen Kastenwagen in einen gesonderten Raum im Keller gebracht. Von dort holte ihn die Müllabfuhr von Zeit zu Zeit ab. Das Putzen der Stände war Aufgabe der jeweiligen Inhaber. Die Gänge mußten aber nach der Abfuhr des Unrats noch von den Hallenarbeiter mit Schläuchen ausgespritzt werden. Das Wasser sammelte sich über ein Abflußsystem im Keller und wurde von dort in die Kanalisation gepumpt.

So verliefen die Tage in den Hallen unter einem Mantel von Vorschriften und Verordnungen, von Handel und Umsatz. Tagein, tagaus öffneten sie ihre Tore unter dem Läuten der Marktglocke und schlossen sie nach Stunden wieder, um am nächsten Morgen aufs neue die Versorgung der Berliner Bevölkerung zu übernehmen. Der »Bauch von Berlin« machte seine Sache gut, das Markthallenprojekt war – auch wenn nicht jede Halle überdauern konnte – ein großer Erfolg für alle Beteiligten.

## 5. Kapitel

# Von der Standhaftigkeit der alten Berliner Markthallen

Schon bald nach der Eröffnung der Markthallen wollten die Berliner nicht mehr auf sie verzichten. Immer mehr Käufer fanden ihren Weg in die neuen Einkaufsstätten, zum einen wegen der außergewöhnlichen Atmosphäre, zum anderen wegen der günstigen Preise und des großen Angebots. Je mehr in den Markthallen umgeschlagen wurde, desto größer war auch der Ansturm der Markthändler auf die Zentralmarkthallen. Der Verkauf lief, und ein Standplatz in den Großmarkthallen war im wahrsten Sinne des Wortes sein Geld wert.

Die starke Nachfrage der Händler nach Plätzen führte dazu, daß auch der Erweiterungsbau, die Zentralmarkthalle Ia, aus den Fugen zu platzen drohte. Die bereits zu Beginn des Projekts laut gewordenen Zweifel, ob der Platz im Zentrum der Stadt auf Dauer ausreichen würde, erhoben sich jetzt als Forderungen nach einer Verlagerung des Geschehens an die Berliner Peripherie.

Immer größere Warenmengen wurden allmorgendlich über lange Strecken in Richtung Zentralmarkthallen transportiert. Der städtische Schlachthof, der den Großmarkt belieferte, lag an der Stadtgrenze Berlins, in der Lichtenberger Feldmark. Und mit seinem Anwachsen wuchs nicht nur das Transportaufkommen, sondern auch das tägliche Angebot an Fleischwaren auf dem Großmarkt. In den Hal-

Blick aus der Vogelperspektive auf einzelne Verkaufsstände in der
Zentralmarkthalle I

len waren die Fleischer längst nicht mehr alle unterzubringen. Neben den Räumen unter den Stadtbahnbögen wurden jetzt auch der Vorplatz und die benachbarten Pri-
vatläden für den Handel genutzt. Trotzdem reichte der
Verkaufsraum nicht aus und so entwickelte sich in den
Straßenzügen rund um den Alexanderplatz ein wilder
Markt, auf dem alle Kleinmarkthändler, die keinen Platz
in der alten Zentralmarkthalle gefunden hatten, ihre Waren anboten. Kisten und Fässer blockierten die Straßen. An
die 2.000 Fuhrwerke der Markthändler, die Waren zum
Weiterverkauf erstehen wollten, brachten den Verkehr in
der Stadtmitte zu Marktzeiten gänzlich zum Erliegen.
Rund um den Alexanderplatz lief nichts mehr.

Auch der Eisenbahnanschluß war dem großen Warenaufkommen nicht gewachsen. Immer mehr Güter mußten wieder auf konventionellem Wege in die Innenstadt gebracht werden, was die Verhältnisse um die Zentralmarkthallen noch verschlimmerte.

Um dem Verkehrschaos im Zentrum der Großstadt Herr zu werden, schaltete sich 1901 der Polizeipräsident ein. In einem Schreiben forderte er den Magistrat auf, als ersten Schritt den Fleischmarkt aus der Innenstadt zu verlegen. Die Transportzeiten vom städtischen Schlachthof zum Großmarkt waren zu lang, um das Fleisch ausreichend zu kühlen. Nach neuesten Erkenntnissen konnte für die einwandfreie und gesundheitlich unbedenkliche Qualität nicht mehr garantiert werden.

Die Verlegung dieses einen Handelszweiges allein konnte die Innenstadt aber noch nicht ausreichend entlasten. Da eine neuerliche Erweiterung der Zentralmarkthallen aus Platzgründen nicht möglich und aus verkehrstechnischen Gründen auch nicht erwünscht war, begann der Magistrat wenige Jahre nach der Jahrhundertwende mit den Planungen für einen neuen Großmarkt. Das freistehende Gelände an der Beusselstraße schien ideal gelegen. Fast 165.000 qm standen für die neuzuerbauenden Hallen zur Verfügung. Im Jahre 1913 wurden sich Magistrat und Stadtverordnetenversammlung einig, den modernen Großmarkt an dieser Stelle zu errichten. Doch der Erste Weltkrieg sollte die Ausführung des Projekts zunächst verzögern.

Die Markthallen bekamen schon wenige Jahre nach ihrer Eröffnung Konkurrenz durch die sich immer mehr ausbreitenden Krämer-, Kolonialwaren- und Lebensmittelläden. Die einzelnen kleinen Läden konnten zwar nicht mit

Das Warenlager in der Zentralmarkthalle Ia

dem Angebot und den Preisen in den Hallen konkurrieren
– im vornehmen Westteil der Stadt mußte man dort sogar
das Doppelte zahlen. Dafür war aber der Kontakt zwischen Ladeninhaber und Kundschaft so persönlich, daß
auch mal angeschrieben werden konnte, wenn im Geld-
beutel gerade der letzte Groschen blinkte.

Wer den Pfennig aber nicht umzudrehen brauchte, konnte seine Einkäufe auch in den Lebensmittelabteilungen der
neuen Kaufhäuser tätigen. Um 1910 strahlten die Gebäude
in blendendem Weiß. Die Verkaufsräume waren hell er-
leuchtet und im Winter gut beheizt. Hier herrschte eine
andere Verkaufskultur als in den Markthallen. Kein Her-
umlaufen und Drängen an den Ständen, man wandelte

zwischen den feinen Waren, warf einen Blick in die appe-
titlich präsentierten Auslagen und entschied sich in aller
Ruhe für das Passende. Statt von ungehobelten Marktwei-
bern wurde man von geschultem, höflichem Personal be-
dient, das schon bald eine Stammkundschaft an das Haus
fesselte.

Die Markthallenhändler klagten um Umsatzrückgänge.
Gegen die eigene Konkurrenz in den Hallen hatten sie sich
noch behaupten können, doch mit den Läden und Kauf-
häusern ging ihnen Kundschaft verloren. Die einkom-
mensstärkeren Bevölkerungsschichten blieben den Hallen
überwiegend fern. Die volkstümlichen Kleinmarkthallen
wurden immer mehr zu Einkaufsstätten der unteren sozialen Schichten.

Vier der alten Markthallen mußten ihre Tore schon vor
Beginn des Ersten Weltkrieges schließen. Die Wahl der
Standorte für die Markthallen entschied zu einem großen
Teil über Erfolg oder Scheitern. Die Innenstadtlage der
Hallen III und IV mochte zunächst günstig erschienen sein,
erwies sich aber doch als nachteilig. Denn durch die zu
Beginn des Jahrhunderts fortgesetzte Umstrukturierung
der Stadtmitte in ein reines Geschäftsviertel wanderte die
Kundschaft immer mehr in die Randgebiete des Zentrums
ab. Die Hallen konnten so nicht mehr rentabel arbeiten. So
mußte die Markthalle III in der Zimmerstraße am 1.4.1910
geschlossen werden. Doch die Deputation konnte sich
nicht dazu durchringen, das durch seine Lage wertvolle
Grundstück zu verkaufen. So entschloß man sich, das Gebäude zunächst zu verpachten. Den Zuschlag erhielt ein
Konsortium, das die Halle in ein Vergnügungsetablisse-
ment, das Ballhaus »Clou«, umbauen ließ. Bis zum Ende
des Ersten Weltkrieges marschierten auf den breiten Gän-

gen der ehemaligen Markthalle Blaskapellen und spielten mit flotten Melodien zum Tanze auf.

Auch der Obstmarkt der Werderschen Bauern in und um die Kleinmarkthalle IV lief nicht wie geplant. Die Händler blieben zunehmend fern, und auch eine Ermäßigung der Standgelder konnte nur vorübergehend Abhilfe schaffen. Die neu angelockten Standinhaber mußten schon bald feststellen, daß die Kundschaft in den Hallen ausblieb. So gaben auch sie ihren Platz in der Markthalle wieder auf. Im Jahre 1911 war die Kleinmarkthalle nur noch zu einem Drittel ausgelastet. 1912 wurde der Betrieb eingestellt und das Gebäude an die Oberpostdirektion verkauft, die daraufhin in der Dorotheenstraße ein Postscheckamt eröffnete.

Die Markthallen XII und XIII mußten schließen, weil sie von ihrer Lage her wirkliche Fehlplanungen waren. Die nördlichen Stadtrandgebiete, in denen sie erbaut worden waren, hatten nur eine geringe Bevölkerungsdichte. Schon früh hätte erkannt werden können, daß das Angebot hier größer sein würde als die Nachfrage. Deshalb wurde die Markthalle XII bereits 1898 nach nur sechs Jahren wieder geschlossen. Etwas besser erging es der Markthalle XIII, die noch bis 1912 den Betrieb aufrecht erhalten konnte.

In den Jahren des Ersten Weltkrieges wurde die Lage in den verbliebenen Markthallen immer trüber. Längst waren die Standplätze nicht mehr alle besetzt. Viele der Händler wurden als Soldaten eingezogen und kehrten nie zurück. Auch das Warenangebot wurde knapper. Marmeladenersatz, Eierersatz, K-Brot aus zehn Prozent Kartoffelstärke. In Berlin herrschte Kohlrübenzeit. Die Ernährung gestaltete sich immer schwieriger und für die, die sich nicht mehr selbst versorgen konnten, wurden in einigen Markthallen Volksküchen eingerichtet. So diente die Zentralmarkthalle Ia der Volksspeisung und in einem abgeteilten Raum der Marheinekehalle wurden täglich an die 15.000 Mittagessen ausgegeben.

Mit der Stabilisierung der Wirtschaftslage nach dem Ersten Weltkrieg erlebten auch die Markthändler einen vorübergehenden Aufschwung. Die Hallen waren wieder voll belegt. Doch die zwanziger Jahre brachten Arbeitslosigkeit und Inflation. Die Preise für Lebensmittel stiegen immer mehr, aber der Reallohn und damit die Kaufkraft sank. So blieb die Kundschaft aus und für die Händler wurde es schwierig, das Geld für die Standmieten zusammenzubekommen. Besonders die Fett-, Fisch- und Fleischhändler hatten starke Einbußen zu verzeichnen und die bewirtschafteten immerhin fast ein Drittel der Stände.

Trotzdem blieben in der Krisenzeit nach 1928 die meisten Stände nicht unbesetzt, denn viele Arbeitslose versuchten ihre wirtschaftliche Lage als Gemüsehändler zu verbessern. Um die Zentralmarkthalle entwickelte sich wieder ein wilder Markt. Schon gegen Mitternacht fuhren die Wagen der Gemüsehändler in Richtung des Großmarktes, um sich in den Straßenzügen einen günstigen Platz zu sichern. Auch die Kleinmarkthändler nutzten ihre Chance, schon zu frühester Stunde ihre Einkäufe erledigen zu können. Leidtragende waren die Händler, die ihren Standplatz in den Hallen hatten, denn sie durften in den Sommermonaten erst um 4 Uhr früh mit dem Verkauf beginnen. In der Zwischenzeit hatten die »Außenstehenden« aber gute Geschäfte gemacht und die offiziellen Standinhaber mußten sich mit der Kundschaft begnügen, die nicht früh genug aus dem Bett gefunden hatte.

Gefriermaschine in der Zentralmarkthalle Ia

So konnte es nicht weitergehen. Wer zahlt schon eine Standmiete, um dann auf seinen Waren sitzenzubleiben, während andere umsonst das große Geschäft machen? Die Gemüsehändler zogen aus der Halle auf die Straße und nach zähen Verhandlungen zwischen dem Gemüsezüchterverband und der Markthallendirektion wurden die Straßen um die Zentralmarkthallen für den Handel freigegeben. Nach vierzig Jahren herrschten auf dem Neuen Markt wieder die alten Verhältnisse.

Der Bau der neuen Großmarkthallen in der Beusselstraße, der schon vor dem Ersten Weltkrieg beschlossen worden war, hatte sich durch die Wirtschaftskrise erneut verzögert. Doch die Planungen waren in vollem Gange. Die

Vorarbeiten zogen sich jedoch noch bis 1939 hin. Durch den Ausbruch des Zweiten Weltkrieges mußte das Bauvorhaben noch einmal verschoben werden. Im Umsatz der Ackerhalle spiegelte sich auf traurige Weise die brutale Politik der Nationalsozialisten. Durch ihre Lage in der Rosenthaler Vorstadt war die Halle Einkaufsstätte für viele Juden gewesen, die an den Ständen koscheres Fleisch kauften. Ihnen war es bald untersagt, in »arischen« Geschäften zu kaufen. Sie blieben aus. Für immer.

Der freie Handel ging während der Kriegsjahre immer mehr zurück. Lebensmittelkarten und Bezugsscheine beengten die Wirtschaft und erschwerten den Einkauf. In den Markthallen wurden Sammelverkaufsstellen eingerichtet, von denen aus an bezugsberechtigte Personen gegen ihre Lebensmittelscheine rationierte Waren verteilt wurden.

Freier, aber unter verdeckter Hand, begannen dagegen die Tauschgeschäfte der Schieber in und um die Markthallen, die nach dem Krieg ihren Höhepunkt erreichten. Das Familiensilber gegen Reifen, Reifen gegen Stoffe, Stoffe gegen Lebensmittel. »Kommen Sie mal her, wir haben da was für Sie.«

Als der Zweite Weltkrieg vorüber war, lag Berlin in Schutt und Asche. Trümmer, wohin das Auge auch blickte. Nichts war geblieben vom prachtvollen Schein der Reichshauptstadt.

Die Markthändler blieben ihren Hallen auch in den folgenden Jahren des Wiederaufbaus treu. Während der Wirtschaftskrise, den schweren dreißiger Jahren und des Weltkrieges hatten sie ausgeharrt und auf eine Besserung der wirtschaftlichen Lage gehofft. Als die meisten Markthallen den Bomben zum Opfer fielen, schien ihr Schicksal

zunächst besiegelt. Aber in der Hoffnung auf einen Neuanfang bauten die Händler aus dem was übrig geblieben
war den Grundstein für die Versorgung der Bevölkerung
und ihre persönliche Zukunft.

Unter freiem Himmel und zwischen den Ruinen der
Markthallen wurde mit dem gehandelt, was zu beschaffen
war. Auch das Untergeschoß des Bahnhofs Zoologischer
Garten wurde zweckentfremdet und konnte als Proviso-
rium zu Marktzwecken genutzt werden.

Von den neun Markthallen des Markthallenprojekts, die
bis 1939 noch geöffnet waren, wurden sechs nahezu völlig
zerbombt. Nur die Arminiushalle, die Eisenbahnmarkthalle IX und die Ackerhalle überstanden den Krieg relativ
unbeschadet. In den Trümmern und Ruinen der anderen
Hallen richteten sich die Händler zunächst in Behelfsbauten für den Verkauf ein. Doch nicht jede Hoffnung auf
einen Wiederaufbau ihrer Markthalle sollte sich erfüllen.

Als erste Markthalle konnte die Ackerhalle bereits am
18. Mai 1945 ihre Tore wieder öffnen. Sie  hatte den Krieg
ohne größere Schäden überstanden. Nur die Fassade und
das Dach mußten ausgebessert werden.

Erst drei Jahre später konnte die Arminiushalle in Moabit
ihren Betrieb wieder voll aufnehmen. In der Markthalle
hinter dem Rathaus Tiergarten setzte sogleich ein reges
Marktgeschehen ein. Zum Glück für die Händler konnten
die Kühlanlagen, die noch vor Kriegsbeginn zur Frischhal-
tung der Waren installiert worden waren, auch nach dem
Krieg noch genutzt werden. Besonders in den Sommermonaten, in denen die Lebensmittel nur kurzzeitig lagerbar
und damit zu verkaufen waren, zeigte sich der große Nutzen der Anlage. Bald war die Halle wieder für ihre
qualitativ hochwertige Ware in aller Munde.

Die zerstörte Markthalle II (Blumengroßmarkthalle) im Februar 1945

Auch die Eisenbahnhalle wurde 1948 wieder offiziell eröffnet. Sie hatte einen schwierigen Start, waren doch die
Wohnviertel um die Halle im Krieg weitestgehend den
Bomben zum Opfer gefallen. Viele der Anwohner, die den
Krieg überlebt hatten, waren ausgebombt und suchten sich
in anderen Bezirken eine neue Unterkunft. Die Kundschaft
fehlte und so konnte sich die Halle in der folgenden Zeit
mehr schlecht als recht über Wasser halten.

Die Zentralmarkthallen waren während des Krieges zu
sechzig Prozent zerstört worden. Um den Handel wieder
in geregelte Bahnen zu lenken, wurde Ende 1948 ein offizi-
eller Aufbauplan verabschiedet. Schon im April 1949 konnten die Waren in den Hallen an 500 Marktständen wieder

ihren Besitzer wechseln. Doch war noch ein gutes Jahr für Reparaturen nötig, um den Hallen weitestgehend ihr altes Gesicht zurückzugeben. Die Dächer wurden neu gedeckt, die Wände verputzt und die Fenster erneuert. Der »Bauch von Berlin« präsentierte sich bereits 1950 wieder in alter Pracht, zeugten auch einige Narben von den Wunden des Krieges. Der Wiederaufbau hatte insgesamt etwa 2,5 Millionen Mark verschlungen.

Während sich in Westdeutschland allmählich die Wirtschaft stabilisierte und die Schaufenster füllten, begann im Juni 1948 die Blockade Berlins durch die Sowjets. Die Westsektoren mußten per Luftbrücke durch die sogenannten Rosinenbomber versorgt werden. Für die Markthallen fiel da kaum Ware ab. Die Versorgung Berlins mit Lebensmitteln war schlechter als im Jahre 1945.

Die Aufteilung der Stadt und die politische Lage machten 1948 zwei getrennte Markthallenverwaltungen erforderlich. Die Zentralmarkthallen fielen ebenso wie die Akkerhalle und die Markthalle in der Andreasstraße in den Verwaltungsbereich Ost-Berlins. Die übrigen sieben Hallen wurden durch den West-Berliner Senat betreut.

Im September 1948 war Berlin endgültig politisch gespalten. Die Aufhebung der Blockade im Mai 1949 verschaffte West-Berlin einen wirtschaftlichen Aufschwung. Das Schlangestehen war vorbei, die Strom- und Gassperren aufgehoben. Die Kartoffeln mußten nicht mehr auf Petroleumlampen gebraten werden. Endlich standen dem Handel wieder eine Auswahl an Waren zur Verfügung. Geschäfte aller Art schossen wie Pilze aus dem Boden.

Während in den Zentralmarkthallen der Ost-Berliner Großhandel stattfand, mußten im Westen neue Wege gegangen werden. Der Großmarkt verteilte sich zunächst

über verschiedene Bezirke. In den leerstehenden Montage-
hallen der Askanierwerke in Mariendorf ergab sich ab 1949
die Möglichkeit, den Fruchthof und einen Teil des Fleisch-
großhandels unterzubringen. Da aber nicht der gesamte
Großhandel dort stattfinden konnte, wurden auch in den
Bezirken Britz, Moabit und Spandau kleinere Fleischgroß-
märkte abgehalten. Wieder ließ die wirtschaftliche Lage,
das fehlende Geld, es nicht zu, die seit Beginn des Jahrhunderts geschmiedeten Pläne einer neuen zentralen Großmarkthalle in der Beusselstraße zu verwirklichen.

Im Ostteil der Stadt gestaltete sich der Handel nunmehr
unter staatlicher Kontrolle. Die Zentralmarkthallen, die Akkerhalle und die Andreashalle dienten als Verteilstellen für
die im Ostsektor auf Karten vergebenen Rationen. Anfang
der fünfziger Jahre hielt die neugegründete staatliche Han-
delsorganisation (HO) Einzug in die Ackerhalle. Ursprünglich gegründet, um durch den Verkauf von Lebensmitteln
und Mangelwaren den Schwarzmarkt zu bekämpfen und
überschüssige Kaufkraft abzuschöpfen, wurde der »HO«
der Konsumgüterhandel im Osten immer mehr unterwor-
fen.

Das Loch in der Versorgungsstruktur, das die zerstörte
Markthalle XIV im Wedding hinterließ, konnten 1950 zwei
neu eröffnete Hallen schließen: das »Kaufhaus für Jeder-
mann« in der Müllerstraße und die Brunnenmarkthalle
am Gesundbrunnen.

Die Senatsverwaltung, der die Markthallen im Westen
unterstanden, entschied Anfang der fünfziger Jahre, daß
von den alten Kleinmarkthallen nur die Arminiushalle und
die Eisenbahnhalle, sowie die Lindenhalle als Blumengroßmarkt weiterbestehen sollten. Doch noch immer harrten in
den Behelfsbauten am Magdeburger Platz und am Mar-

Eingang zur »Keller«-Markthalle am Marheinekeplatz 1947

heinekeplatz die Händler aus, die ihre Hallen nicht aufgeben wollten. Am Magdeburger Platz liefen die Geschäfte aber nicht so, wie man es sich erhofft hatte, denn die umliegenden Straßenzüge waren zerstört, und die Kundschaft mied die weiten Wege und nutzte die näherliegenden Läden. 1956 besiegelte der Senat das Schicksal der Halle durch den Beschluß, die restlichen Trümmer und den Behelfsbau endgültig abzureißen.

Besser erging es den Händlern in der Marheinekehalle. Sie hielten in den Kellern der in den letzten Kriegstagen völlig zerstörten Markthalle aus. Über den Gewölben erinnerte nur noch der westliche Kopfbau und ein ausgebranntes Stahlgerippe an das stattliche Gebäude, das einst Raum für Handel und Gewerbe geboten hatte. Doch aus den alten Vorratsräumen unter Tage erklang wieder Stimmengewirr und Gefeilsche. Nur ein Schild, das auf ein Loch im Erdboden hinwies, konnte das Geschehen erklären. Über eine steile Wendeltreppe gelangten Kisten und Fässer, Schweineviertel und Kartoffelsäcke in den Untergrund. Und auch die Frauen mit ihren Einholnetzen wählten diesen Weg, um ihre Taschen zu füllen.

1945 hatten etwa 50 Händler mit einem Notverkauf in den Kellerräumen begonnen. Die Gewerbetreibenden, die 1947 noch immer auf den Wiederaufbau ihrer Halle hofften, schlossen sich zu einer Interessengemeinschaft zusammen. Gemeinsam wollten sie den Handel wieder in Schwung bringen und ihre Anliegen gegenüber dem Senat vertreten. Doch der Senat schaltete auf stur. Statt einer Markthalle sollten auf dem Platz Kühlhallen für die umliegenden Geschäfte und eine Grünfläche entstehen. Anfang der fünfziger Jahre blieben immer mehr Kunden der Halle fern, denn die Kundschaft scheute den Weg in den Keller und wollte wohlgefällige Auslagen statt des Anblicks der Trümmer. Doch nach einem zähen Ringen und einem müßigen Schriftverkehr mit den Behörden gelang es 1952 den letzten 22 Händlern, den Wiederaufbau der Marheinekehalle durchzusetzen.

Nur der westliche Kopfbau blieb von der alten Marheinekehalle erhalten. Statt eines Backsteinbaus entstand eine Halle, deren großflächig verputzte Fassaden dem Zeitgeschmack der fünfziger Jahre entsprachen. Am 3. September 1953 fand die Eröffnung der neuen, alten Markthalle statt. 95 Stände boten den Kreuzbergern jetzt wieder ein breitgefächertes Angebot an Lebensmitteln und Gütern des täglichen Bedarfs.

Mitte der sechziger Jahre sollte auch für den Großhandel mit Pflanzen und Blumen die Zeit der Provisorien vorbei sein. Schon um die Jahrhundertwende hatte sich der Blumengroßmarkt in der alten Lindenhalle ausgebreitet. Der

Verkauf von Lebensmitteln war in der Umgebung der Friedrichstraße nicht lohnenswert gewesen, denn der Geschäftsbereich des Stadtzentrums dehnte sich immer mehr zu Lasten des Wohnviertels aus. Die Anwohner, die Kundschaft der Markthalle, waren in beschaulichere Wohngegenden abgewandert.

Immer wieder war die Verkaufsfläche durch An- und Neubauten erweitert worden. Bis zum Beginn des Zweiten Weltkriegs hatte sich die Lindenhalle zum größten Umschlagplatz für Blumen in ganz Deutschland entwickelt. Kurz vor Kriegsende fiel die ganze Anlage dann aber den Bomben zum Opfer. Doch die Blumenzüchter und -verkäufer ließen sich nicht unterkriegen. Kaum waren die Trümmer beseite geräumt, wurde in provisorischen Bauten der Blumenhandel wieder aufgenommen.

Fast zwanzig Jahre mußten die Händler auf den Neubau einer Blumengroßmarkthalle warten. Doch dann war es soweit: Nach zweijähriger Bauzeit konnte am 28. Januar 1965 das Glas auf den Neubeginn erhoben werden. Mit 3.340 qm hatte die Halle wieder die alte Vorkriegsgröße. Durch die Teilung der Stadt fand der tägliche Handel mit hunderttausenden von Blumen und Pflanzen jetzt aber nicht mehr im städtischen Zentrum, sondern am Rande West-Berlins statt.

Mitte der sechziger Jahre konnten endlich auch die Planungen eines neuen Großmarktes im Westteil der Stadt in die Tat umgesetzt werden. Das Abgeordnetenhaus von Berlin gab am 5. Dezember 1962 den von der Senatsverwaltung für Bau- und Wohnungswesen überarbeiteten Bebauungsplänen seine Zustimmung.

Seit dem Ersten Weltkrieg aufgeschoben, begann man jetzt als erstes eine Halle für Obst und Gemüse zu errich-

Luftbild des Großmarktes Beusselstraße

ten. Die Unterkunft in den Mariendorfer Askanierwerken war bereits 1955 aufgekündigt worden, so daß die Hallenverwaltung dringend einen anderen Platz für ihre Zwecke finden mußte. Die Fläche an der Beusselstraße lag, trotz der Narben, die der Zweite Weltkrieg hinterlassen hatte, und trotz der veränderten politischen Lage, noch immer verkehrsgünstig. Der Güterbahnhof Moabit war zwar nicht mehr in Betrieb, doch der Westhafen und der Autobahnanschluß befanden sich direkt vor der Tür.

Im März 1965 war die Halle für den Fruchthof zur Übergabe bereit. So wurde am 19. März zum letztenmal die Glocke, die den Hallenschluß verkündete, in den Askanierwerken geläutet. Dann begann ein Wochenende des Um-

zuges, wie Berlin es zuvor nicht gesehen hatte: 103 Import-
und Großhandelsfirmen sowie alle angeschlossenen Be-
triebe, Spediteure, Banken und Handelsvertreter, mußten
innerhalb von 48 Stunden ihr Quartier wechseln. Denn bereits am 22. März sollte der neue Fruchthof an der Beusselstraße seiner Bestimmung übergeben werden.

Alles verlief plangemäß, so daß man die Vorarbeiten zur
Eröffnung des Fleischgroßmarktes am 2. Januar 1967 ge-
lassener angehen konnte. Im Zusammenhang mit der
Chruschtschow-Krise 1958 hatte der Senat auf dem Gelände an der Beusselstraße eine Lagerhalle errichten lassen, die nun, modernisiert und umgebaut, den Händlern
und Einkäufern als Fleischgroßmarkthalle zur Verfügung
stand.

Im Ostteil der Stadt setzte man Ende der sechziger Jahre
auf Erneuerung. Das durch die Bombenangriffe des Zweiten Weltkrieges nahezu völlig zerstörte Zentrum Berlins
wurde von Grund auf umgestaltet. Die Hauptstadt der
DDR sollte Eigenständigkeit und Neuanfang repräsen-
tieren.

Auch die alten Zentralmarkthallen wurden geopfert.
Nach dem Kriege in aller Schnelle wieder hergestellt, begannen die Hallen schon Ende der fünfziger Jahre aus den
Ziegeln zu bröckeln. Aufwendige Sanierungsarbeiten waren nötig, um sie zu erhalten. Doch hätten sie nicht in das
Antlitz des geplanten Zentrums gepaßt. Ein nostalgischer
Schönheitsfleck – und Nostalgie war das, was die Planer
der neuen Hauptstadt am wenigsten wollten. 1968 wurden die alten Hallen abgerissen und in unmittelbarer Nähe
eine neue, moderne Markthalle errichtet.

Auch die im Osten gelegene Ackerhalle bekam Ende der
sechziger Jahre ein neues Gesicht. Fast acht Monate dauer-

ten die Renovierungsarbeiten aller Räume, des Kellers und der Kühlanlagen. Mit einer Grundfläche von fast 3.000 qm wurde die Halle zur größten Kaufhalle der DDR, büßte aber die besondere Markthallenatmosphäre ein. Dem Zeitgeschmack entsprechend wurden die Innenräume völlig verkleidet und die Decke heruntergezogen. Statt des Lichtes, das durch die Dachfenster fiel, beleuchteten jetzt Neonröhren den Innenraum. Kühl, sachlich und hygienisch.

33.000 in der Umgebung lebende Hauptstädter sollten hier ihre Einkäufe verrichten. Aber die Kunden kamen auch aus den anderen östlichen Stadtteilen. Nicht zuletzt verbanden die Bürger der DDR ihren Besuch in der Hauptstadt gern mit einem Gang durch die Ackerhalle, um das relativ umfangreiche Angebot in Augenschein zu nehmen und sich mit dem zu versorgen, was es im Umland nicht gab. Täglich besuchten mehr als 8.000 Kunden die Halle, die ihr Angebot über Lebensmittel hinaus um Heimwerker- und Elektro-, Haushalts- und Drogerieartikel erweitert hatte.

Die sechziger Jahre waren für die Markthallen im Westteil der Stadt keine leichte Zeit. Immer größer wurde die Konkurrenz auf dem Lebensmittelsektor. Das Wirtschaftswunder brachte eine Verbreitung der Supermärkte und Filialbetriebe mit sich. Tante-Emma-Läden und kleine Einzelhandelsgeschäfte sahen sich in ihrer Existenz bedroht. Auch die Händler in den drei noch bestehenden Markthallen, der Eisenbahnhalle, der Arminiushalle und der Marheinekehalle standen unter Druck, denn ihre Kunden wanderten in die neuen Geschäfte ab, die durch ihre Handelsformen die Waren noch billiger anbieten konnten. Die schnelle Selbstbedienung erschien zeitgemäßer als Beratung und Service, und in den Markthallen ging eben noch immer alles einfach und traditionell seinen Gang.

Die Supermärkte wahrten keinen respektvollen Abstand zu den alten Damen des Einzelhandels. Siedelten sie sich zunächst im Schatten der Markthallen an, so zogen sie in den siebziger Jahren auch durch das Tor.

Besonders die Eisenbahnhalle hatte schwer zu kämpfen. Bis zum Mauerbau 1961 konnte sie noch gute Umsätze verzeichnen. Doch als die Menschen aus dem Ostteil der Stadt nicht mehr kommen konnten, und die Kreuzberger ihren damals unattraktiven Bezirk weiter hinter sich ließen, begannen schwere Zeiten. 1976 waren nur noch 60% der Standbuden vermietet. Je kleiner das Angebot, desto kleiner auch die Zahl der Kunden, die noch an ihrer Halle hingen. So mußte man sich den zahlungskräftigen und attraktiven Selbstbedienungsläden öffnen, um die Markthalle halten zu können. Die Hallenleitung entschloß sich, einen Supermarkt und einen Drogeriemarkt aufzunehmen. So konnte durch die Zusammenarbeit mit der eigentlichen Konkurrenz die Halle gerettet werden. Es sollte allerdings im Westteil bei diesem einmaligen Fall bleiben.

Am 1.1.1970 wurden die Markthallen vom Land Berlin dem Stammkapital der landeseigenen Berliner Großmarkt GmbH zugeordnet, die dann die drei Einzelhandelsmarkthallen – genauso wie schon vorher den Obst- und Gemüsegroßmarkt und den Fleischgroßmarkt – zum Betrieb an die jeweilige Handelsgenossenschaft vermietete. Die Stände wurden nicht mehr als Teil der gesamten Halle betrachtet, sondern als kleine Einzelhandelsläden, die selbständig durch die Inhaber betrieben wurden. Die Verwaltungsgenossenschaft vertrat und vertritt noch heute die Interessen der Händler, verwaltet und betreibt die Hallen und entscheidet über neue Standinhaber und somit das Angebot in den Markthallen. Diese Mischung zwischen selbständiger Führung des Standes, aber gemeinschaftlichem Entscheiden von Allgemeinbelangen bewährt sich bis heute.

Viel hat sich verändert, seit die Glocke zum erstenmal das Marktgeschehen in den Berliner und Markthallen einläutete. Nur vier der Hallen bestehen noch. Die anderen fielen den Bomben oder Sanierungsprojekten zum Opfer, wurden ersetzt oder neu belegt. Auf der Suche nach ihren Spuren durchquert man – inzwischen wieder grenzenlos – die Innenstadt ganz Berlins.

## 6. Kapitel

# Spurensuche

Rund um den Alexanderplatz erinnert wenig an alte Tage. Platten- und Betonbau, wohin das Auge sieht, sozialistische Einheitsarchitektur als Erinnerung an vierzig Jahre DDR. Verloren wirkt die Marienkirche am Neptunbrunnen vor diesem Hintergrund. Der Bahnhof ist auszumachen und die Stadtbahnbögen erleichtern die Suche nach dem Standort der alten Zentralmarkthallen.

Doch die Umgestaltung des Platzes brachte auch eine Veränderung der Straßenführung mit sich. Die heutige Karl-Liebknecht-Straße entspricht in ihrem Verlauf nicht mehr ganz der Kaiser-Wilhelm-Straße, die an den Stadtbahnbögen zur rechten von der Zentralmarkthalle I, zur linken von ihrem Erweiterungsbau, der Zentralmarkthalle Ia, gesäumt wurde.

Die heutige Rosa-Luxemburg-Straße stellt die damalige Verbindung zwischen den Hallen dar. Die Zentralmarkthalle I, südöstlich an die Straße anschließend, befand sich demzufolge mitten auf der heutigen Karl-Liebknecht-Straße. Doch der Standort ist in etwa geblieben. Und die Cafes und Ladenlokale in den Bögen unter den Gleisanlagen.

Die neue Markthalle auf dem Platz der alten Zentralmarkthalle Ia kann in ihrer architektonischen Gestaltung nicht an ihre Vorgängerinnen heranreichen. Und will es auch nicht. Modern will sie sein, Einkaufszentrum mit vielen kleinen Läden und Boutiquen. Angesichts ihrer Bahnhofsnähe strebt sie danach, den Status eines »Reise-Einkaufszentrums« zu erhalten, der es den Inhabern erlauben würde, ihre Läden rund um die Uhr geöffnet zu halten.

Die jüngsten politischen Umwälzungen bringen erneut Pläne zur Gestaltung des Alexanderplatzes als neues, altes Zentrum der wiedervereinigten Hauptstadt mit sich. Als einer der ersten Schritte soll die Markthalle für rund 50 Millionen DM modernisiert und mit einer Glaskuppel versehen werden. Als Einzelhandelshalle im Zentrum der Stadt wird sie sicher sowohl für Anwohner als auch vor allem für Touristen ihre Anziehungskraft behalten. Vorbei allerdings ist ihre Bedeutung als Zentralmarkthalle.

Denn der Berliner Großmarkt findet weiterhin auf dem Gelände an der Beusselstraße statt, auf das er durch die Teilung der Stadt, alten Planungen folgend, Mitte der sechziger Jahre ausweichen mußte. Zu den Hallen des Fruchthofs und des Fleischhandels sind weitere Gebäude, wie z.B. das Gefrierhaus für mehr als 7.000 Tonnen Fleisch hinzugekommen. Auch der Deutsche Seefischgroßhandel zog 1975 auf das Grundstück zwischen dem Westhafenkanal und dem Charlottenburger Verbindungskanal, der Beusselstraße und den Gleisanlagen. Hinzugekommen sind im Laufe der Jahre weiterhin ein Schlachthof, fünf weitere Großmarkthallen für Obst und Gemüse, drei Hallen für Fleischzerlegung, eine Halle für Milch und Milchprodukte sowie eine Tankstelle. Der jährliche Warenumschlag erreicht inzwischen einen Wert von über 1,5 Milliarden DM.

Die Zukunft des Großmarktes hängt von der Entwicklung des Lebensmittelhandels, der Ausweitung oder Abnahme der Einzelhandelsgeschäfte, ab. Viele Supermärkte und Kaufhäuser beziehen ihre Waren direkt von den Erzeugern im In- und Ausland. Der Großmarkt bleibt dabei völlig außen vor, hätte wahrscheinlich auch nicht die Kapazitäten, um vier Millionen Berliner allein mit frischen Lebensmitteln zu versorgen.

Der Blumengroßmarkt auf dem Gelände der alten Markthalle II zwischen der Friedrich- und der Lindenstraße ist eine moderne Halle mit Sheddachkonstruktion. Der graue Waschbeton wird durch eingelegte grüne Betonplatten im Obergeschoß und rötliche Kacheln im Erdgeschoß aufgelockert. Trotz seiner Größe bleibt das Gebäude unscheinbar. Zur Lindenstraße hin verbirgt sich die Halle hinter einer grauen Betonmauer. Zur Friedrichstraße und zur nördlichen Besselstraße ist der zurückgelegene Bau von Wellblechbögen und Holzhütten umgeben, in denen ebenfalls Händler Pflanzen verkaufen.

Die meisten Händler bieten die in eigenen Gartenbaubetrieben angebauten Blumen an oder beschränken sich auf Schnittblumen, die sie bis aus Übersee beziehen. Aber auch auf Reisig und Bindegrün oder Bedarfsartikel haben sich einige der Standinhaber spezialisiert.

Morgens um sechs öffnet die Markthalle, die seit 1970 Eigentum der Berliner Großmarkt GmbH ist und ebenfalls von einer Genossenschaft der Standinhaber aufgrund eines Mietvertrages betrieben wird, für die Einkäufer aus den Blumenläden. Während die frische Ware noch von den Lastwagen aus ganz Europa entladen wird, laufen die Kunden schon mit Handkarren durch die vielen Gänge, vergleichen die Preise und die Qualität und wählen aus dem frischen Angebot. Hier werden keine Sträuße gebunden. Man kauft Rosen, Tulpen und Nelken in großen Bündeln, Topfpflanzen zu Dutzenden.

Aber in all dem Grün sucht man vergebens nach Überresten der alten Lindenhalle. An das Großmarktgelände anschließend, Ecke Bessel- und Markgrafenstraße, soll in diesem Jahr eine Kindertagesstätte fertiggestellt werden. Der kleine Eckbau wirkt in einer Umgebung voller Neubauten verschiedenster Stilrichtungen wie eine nostalgische Rückbesinnung: rote und gelbe Ziegelsteine bilden Muster auf den Fassaden wie damals auf den Mauern der Markthalle II.

Die Markthalle III, die nach 1912 Ballhaus und im Zweiten Weltkrieg als Sammellager der Judendeportationen mißbraucht wurde, lag lange Zeit im Schatten der Mauer zwischen Ost und West. Nicht viel ist von ihr geblieben.

Zur Mauerstraße begrenzt ein Plattenbau, der zu einem modernen Bürogebäude umgebaut werden soll, das Gelände, auf dem die Hinterhofhalle stand. Fündig wird man erst in der Zimmerstraße 90–91. Das Vorderhaus mit seiner durch ein gußeisernes Tor verschlossenen Durchfahrt zur Halle steht noch. Und auch die alten Sparkassenräume, die sich zur linken an das Vorderhaus anschlossen und so den Hof vor der Markthalle begrenzten, haben den Krieg überstanden. Doch die Halle fehlt, die Fläche wurde flachgeschossig mit Industriebebauung versehen.

Nachdem die Lage des Gebäudes lange Zeit höchst ungünstig war, ist das Grundstück jetzt wieder in seiner Bedeutung und besonders in seinem Wert ungemein gestiegen. Der ehemalige Checkpoint Charly, der kaum hundert Meter entfernt liegt, gehört in das Spannungsfeld der Berliner Bau- und Investitionspolitik. Hier gibt das Höchstgebot den Ausschlag, und es bleibt abzuwarten, ob die einmal geteilte Zimmerstraße mit ihrer jetzigen Bausubstanz den Baufolgen der Wiedervereinigung standhalten kann.

Auf dem Grundstück der Markthalle IV und den an das Hauptportal angrenzenden Märkten der Werderschen Obstbauern steht noch immer ein Postgebäude. Gegenüber, am anderen Ufer der Spree, reihen sich die Plattenbauten wie Perlen auf einer Kette. Am Reichstagsufer wechseln sich die Neubauten mit alter Bausubstanz ab.

Das Postgebäude gehört zu den älteren Gebäuden. Die viergeschossige Fassade zur Spree ist dunkel ergraut, das Betreten des Hofes wegen Einsturzgefahr untersagt. Doch so ruinös wirkt das Nachfolgegebäude der Markthalle nicht und auch die Postbank und das Postgiroamt haben es für gut genug befunden, um am Reichstagsufer 12–14 nach der Wende wieder ihre Zweigstellen zu eröffnen.

Vom Schiffbauerdamm aus sieht man noch den Tunnel, durch den die Ware direkt von den Kähnen in die Markthalle geliefert wurde. Doch, wie die noch vor wenigen Jahren grenznahe Lage des Gebäudes erwarten ließ, ist er zugemauert.

Vom Bahnhof Friedrichstraße aus wirkt der Gebäudekomplex wie ein riesiger grauer Kasten, denn die Baulücke zur Linken wurde nur mit einem zurückgelegten, flachgeschossigen Betonbau gefüllt. Um die Ecke liegt die Clara-Zetkin-Straße 82–84, die frühere Dorotheenstraße. Das Grundstück teilen sich zwei Gebäude. In der Hausnummer 82, einem gelb-rotem Ziegelbau war einmal ein HO-Markt untergebracht. Heute sind die Gardinen im Fenster ergraut und die Scheiben tot, so tot wie die der beiden verwaisten Läden im Nachbargebäude, Nummer 84.

Zwischen den Läden befindet sich ein hohes Tor, dessen Gittertür ein Posthorn ziert. Über dem Tor sind noch immer die verwitterten Schatten der einstigen Aufschrift »Postscheckamt« zu erkennen.

Die Gebäude sind renovierungsbedürftig und renovierungswert. Besonders die barock anmutende Bebauung des Hinterhofes. Von der alten Markthalle ist schon lange nichts mehr zu sehen, kaum jemand erinnert sich noch an sie. Das alte Postscheckamt hingegen bleibt im Besitz der Post und wird so weiterhin im alten Sinne walten.

Im südlichen Tiergarten zwischen der Lützowstraße, der Kluck- und der Genthinerstraße stand einmal die prächtigste der Kleinmarkthallen, die Markthalle V, wegen ihrer aufwendigen Gestaltung auch als Markthallenbasilika bezeichnet. Der Platz wurde nach der Entfernung der letzten Trümmerreste in einen kleinen Park verwandelt. Statt der Markthändler geben heute die Kinder den Ton an.

Der Spielplatz ist eine der wenigen kindgerechten Stätten in einer Umgebung, der die Zerstörungen des Krieges noch immer anzumerken sind. Große Möbelhäuser und Läden prägen das Bild, neuerrichtete Hotels, die von der für Touristen verkehrsgünstigen Lage zu den Attraktionen West-Berlins zu profitieren wußten. Aber die Wohn- und Lebensqualität für die Anwohner wurde lange Zeit außer Acht gelassen. Der ersatzlose Abriß der Markthalle in den fünfziger Jahren war nur ein erster Schritt und bis heute tat sich die Umgebung des Magdeburger Platzes eher als anrüchiges und alternatives Amüsierviertel hervor, als durch ein ansprechendes Äußeres.

1977 wurde die Ackerhalle, die alte Markthalle VI, in Berlin-Mitte unter Denkmalschutz gestellt. 1985 ernannte man sie zum Bezirksdenkmal. Doch ihren Charme aus der Jahrhundertwende erhält sie erst langsam durch die Umbaumaßnahmen Anfang der neunziger Jahre zurück.

So gut wie original: das Innere der Ackerhalle

Die Ende der sechziger Jahre durchgeführten Modernisierungen wurden größtenteils rückgängig gemacht. Statt der heruntergezogenen Decke kam das alte Stahlkorsett wieder zum Vorschein.

Statt der Gipsummantelung der Innenwände schmückt sich die Halle mit gelbem Klinker. Auch das Tageslicht hat seinen Weg zurück in die Halle gefunden. Die Sheddachfenster im Hallendach wurden mit wärmedämmenden Verbundglasfenstern versehen. Nach 1969 war die Markthalle nur noch durch den Eingang zur Invalidenstraße 158 zu betreten gewesen. Heute strömt die Kundschaft auch wieder durch das reichgeschmückte Rundbogenportal an der Ackerstraße 23.

Was blieb, ist der Verbrauchermarkt, der, neben einigen Ständen und Thresen, die gesamte Halle einnimmt. Mögen die Kunden vor der Wende von der Vielfalt des Angebots beeindruckt gewesen sein, so ist es heute eher die etwas andere Atmosphäre des Gebäudes, die den Verbrauchermarkt von seiner Konkurrenz unterscheidet. Durch den Fall der Berliner Mauer wird die Markthalle nicht mehr nur durch die Bewohner von Mitte genutzt. Auch der nahegelegene Wedding versorgt sich hier mit Lebensmitteln, Blumen, Lederwaren und Parfümerieartikeln. Inzwischen wurde sie wieder der Stadt rückübertragen und soll noch 1994 in die Berliner Großmarkt GmbH eingebracht werden, so wie es mit den drei übrigen Markthallen bereits 1970 geschehen ist.

Die Markthalle VII im nördlichen Kreuzberg war die einzige Markthalle, die auf einem Eckgrundstück mit zwei Fassaden und dem Hauptportal zur Straße lag. Am ehemaligen Luisenufer, dem heutigen Legiendamm, Ecke Waldemarstraße ist von ihnen nichts mehr zu sehen. Ein

Haupteingang der Ackerhalle in der Invalidenstraße

schmuckloser Neubau des Bezirksamts Kreuzberg, der Obdachlosen eine Heimstatt bietet, erfüllt auf dem alten Platz der Halle jetzt seinen sozialen Zweck.

Doch die Speisegaststätte, Legiendamm 32, steht noch und macht keinen Hehl aus ihrer Herkunft. »Zur kleinen Markthalle« verkündet einladend ein Schild über der gußeisernen Pforte zum Biergarten vor dem Hause. Die Bäume im Garten sind noch zu jung, als daß sie das Wasser hinter dem Luisendamm noch hätten fließen sehen. Die Markthändler konnten in ihren Mittagspausen das kühle Naß aber nicht nur in ihren Gläsern genießen.

Schräg durch die Kleinmarkthalle zog sich vom Hauptportal bis zur Dresdener Straße die Hallendurchfahrt. Über dem Tor der Hausnummer 27, dem ehemaligen Vorder-

Restaurant »Zur kleinen Markthalle« am Legiendamm

haus der Halle, kann man noch immer den Schriftzug »Markthalle VII« entdecken. Durch das Tor mit seiner gußeisernen Pforte kommt man in den Hof, dessen Umbauung aus den Tagen der alten Markthalle stammt. Heute befinden sich hier Wohnungen. Alternatives Leben in einem kreativen Viertel.

Das Gelände der Markthalle VIII ist schwer zu finden. Die Friedrichshainer Umgebung der einstigen Halle wird bestimmt durch eintönige Straßenzüge und Plattenbauten. Überreste eines Fabrikgebäudes, die die wechselhaften Zeiten überstanden haben, lassen aber ahnen, daß es hier einmal anders ausgesehen hat.

Zwischen der Kraut- und der Andreasstraße auf Höhe der Singerstraße, ehemals Grüner Weg, befindet sich heute, statt des Vordergebäudes der Markthalle VIII, das »Haus der Volkshochschule« mit der Filiale einer Oberschule. Auch die restliche zurückgelegene Grundfläche der Halle wird als Schulgelände genutzt.

Nachdem die Markthalle vollständig niedergerissen worden war, da ihre Aufgabe nicht in das Bild der aufzubauenden DDR paßte, erfüllte ein schräg gegenüber eröffneter HO-Flachbau ihren Zweck. Die Anwohner konnten wieder ihre Einkäufe in gewohnter Umgebung, aber neuem Ambiente erledigen. Heute hat hier der Einkaufsmarkt einer großen Supermarktkette seinen Sitz, und manch einer wünscht sich die gute alte Zeit, als man noch »nach der Halle« ging, wieder herbei.

An der Markthalle IX zwischen Eisenbahn- und Pücklerstraße, Muskauer und Wrangelstraße, erscheint noch immer alles wie vor hundert Jahren. Die Fassade aus roten Ziegeln ist, verglichen mit anderen Markthallen, schlicht, aber geschmackvoll im ursprünglichen Stil rekonstruiert. Durch eine Baulücke kann man einen Blick hinter die Kulissen des Gebäudes werfen.

Von außen lassen nur die Läden im Erdgeschoß der Front zur Eisenbahnstraße erkennen, daß die Halle nicht im Dornröschenschlaf den Kriegswirren entkommen ist. Schreib-, Tabak- und Backwaren zur einen Seite, ein türkischer »Market« zur anderen. Moderne Schaufenstergestaltung neben einem Hauch von orientalischem Basar.

Durch den Torbogen unter dem – wie eh und je – auf dem Dache thronenden gekrönten Bären, gelangt man von der Eisenbahnstraße aus an die gläsernen Schwingtüren zum Halleninneren.

Und hier leben die Nachkriegsjahrzehnte friedlich nebeneinander. Nostalgische Schriftzüge neben modernem

Die Eisenbahnmarkthalle heute

Interieur. Ein Billigmarkt, ein Drogeriemarkt, der Kuchen-
stand einer Handelskette für Backwaren. Video neben
Handwerkskunst. Auf alt geschminkte Obst- und Gemü-
sestände. Griechische Oliven und türkisches Hammel-
fleisch. Auf die Schnelle eine Currywurst, ein Kebap,
Croissants und Garnelen aus der Hand. Und über allem
vereinend das türkise Stahlgerippe vor der elfenbein-
farbigen Dachverschalung.

Von der Pücklerstraße aus kann man die angeschlossene
Speisewirtschaft betreten. Schon die im Fenster der an-
sprechend restaurierten Lokalität ausgestellte Speisekarte
macht deutlich, daß nicht nur Kunden und Händler zum
Verweilen eingeladen werden sollen. Die Markthalle
braucht ihren Kiez und der Kiez braucht sie.

Die Spur der Markthalle X sucht man nicht lange. Im Schatten des Rathauses Tiergarten herrscht unübersehbar noch immer ein reger Marktbetrieb. Von den ersten frühmorgendlichen Besorgungen auf dem nahegelegenen Großmarkt in der Beusselstraße bis zu den letzten Aufräumarbeiten in den Abendstunden umfaßt ein Arbeitstag der selbständigen Händler hier mehr als acht Stunden.

Aus der Halle rumort es wie zu ihren Anfangszeiten. Doch ihr Gesicht ist schlichter geworden. Die aufwendige Gestaltung der Südfassade mit Rundbogenarkaden zu beiden Seiten des Hauptportals wurde nach dem Krieg nicht erneuert. In ihrer Schlichtheit fügt sie sich gut in den Moabiter Bezirk ein, der zu den einfachen Wohngegenden Berlins gezählt wird.

Die Arminiushalle wurde, wie auch ihre »Schwestern«, im Laufe der Jahre von Grund auf modernisiert. Kühlanlagen, Beleuchtung und Heizungen mußten auf den neuesten Stand gebracht werden, um mit den konkurrierenden Supermärkten in der Turmstraße Schritt halten zu können. Die Holzstände mit Gasbeleuchtung sind längst verschwunden.

Das Warenangebot gleicht dem in der Eisenbahnhalle. Obst und Gemüse, Fleisch und Käse laufen gut. Frischer und günstiger gibt es die Ware auch nicht im benachbarten Kaufhaus. Trotzdem haben die Händler Probleme. Stände, die schon über Generationen in Familienhand waren, wechseln heute die Besitzer. Es fehlt an interessiertem Nachwuchs, der bereit ist, die langen, ungünstigen Arbeitszeiten auf sich zu nehmen.

In den Abendstunden und am Wochenende herrscht Andrang. Wochentags lebt die Halle von den alten Stammkunden, die teilweise schon Jahrzehnte ihrer Markthalle treu blieben. Manche kommen mehrmals täglich, um der Einsamkeit ihrer Wohnung zu entfliehen. In der Halle trifft man Bekannte und Nachbarn, bleibt auf ein Schwätzchen stehen und trinkt auch mal am Imbiß eine Tasse Kaffee zusammen. Einkaufen könnte man sicher auch im Supermarkt, aber keiner dieser modernen Nachkommen könnte die Arminiushalle ersetzen.

Wie der Ackerhalle versuchte man Anfang der neunziger Jahre auch der Kreuzberger Marheinekehalle wieder ihr altes Gesicht zu verleihen. Die verputzten und mit altberliner Motiven bemalten Fassaden wurden rot verklinkert, um sie mit begrenzten Mitteln ihrem ursprünglichen Zustand so ähnlich wie möglich zu machen.

Doch fehlte der Halle ihr östlicher Kopfbau, der, im Kriege zerstört, beim Wiederaufbau ausgespart worden war. Um das Bild der neuen, alten Halle abzurunden, wurde auch er wieder aufgebaut. Heute wie in alten Tagen hat in ihm die Speisewirtschaft ihren Platz gefunden.

Die Rückgestaltung machte auch nicht vor dem Marheinekeplatz halt. Der Teil der Mittenwalder Straße, der direkt vor der Wirtschaft verlief, ist jetzt ein kunstvoll gestaltetes Kleinod und fügt sich nahtlos in das Bild der rekonstruierten Markthalle XI ein.

Da nie eine Durchfahrt das Halleninnere teilte, erscheint in keiner der bestehenden Markthallen das Angebot so umfangreich und gut sortiert. Gleichberechtigt nebeneinander finden sich die Standbuden nach Warengruppen sortiert. Aber auch richtiges Handwerk gibt es hier zu sehen. Der Kunde kann noch Augenzeuge sein, wenn seine Schuhe neu besohlt werden oder die Armbanduhr repariert wird. Zustände wie vor hundert Jahren und inzwischen liebgewordene Tradition.

Zwei Ansichten der Markthalle XI am Marheinekeplatz aus dem
Jahre 1925 (oben) und 1994 (unten)

Die Markthalle XII am Gesundbrunnen, die bereits 1898 geschlossen wurde, existiert nicht mehr. Auf ihrem Platz steht zur Badstraße 10 das viergeschossige »Haus der Volksbildung«, mit einer Schlosserei im Hinterhof. Aus den Fenstern des Treppenhauses hat man einen Blick über die angrenzenden Höfe und ein quaderförmiger Altbaurest fällt ins Auge. Von seiner Fassadengestaltung her könnte er Teil der Halle gewesen sein. Doch handelt es sich hierbei um ein an die südliche Grenze des Hallengrundstückes angelehntes Ladengeschäft, das in den dreißiger Jahren als Tanzsaal genutzt wurde.

So oder ähnlich muß die Markthalle am Gesundbrunnen gestaltet gewesen sein, als sie sich noch über Eck zur Grünthaler Straße 4 zog. Die Artverwandtschaft erleichtert die Vorstellung. Aber die Markthalle wurde restlos beseitigt und zu dieser Straßenfront durch ein Schulgebäude ersetzt.

Die Markthalle XIII stand nördlich des alten jüdischen Friedhofs am Senefelder Platz. Heute befindet sich hier zwischen Wörther- und Knaackstraße ein Schulgelände, ein Kindergarten und ein relativ junger Baumbestand.

Ende des 19. Jahrhunderts war die Umgebung der Markthalle Neubaugebiet. Heute sind die damaligen Neubauten Altbauten, die langsam wieder restauriert und zum Glänzen gebracht werden. Doch der Plattenbau auf dem Gelände der alten Markthalle wird sich auch in Zukunft nicht in das Straßenbild einfügen.

Im Wedding mußte nach dem Zweiten Weltkrieg an vielen Stellen ganz von vorn begonnen werden. Auch um den Weddingplatz hatten die Bomben große Schäden verursacht. Heute mischen sich im Schatten der Betriebsgebäude eines großen Pharmaziekonzerns die verbliebenen Altbauten mit bis in die achtziger Jahre durchgeführten Sanierungsprojekten.

Auf dem Grundstück der niedergerissenen Markthalle XIV, zwischen der Reinickendorfer Straße und der Schönwalder, ehemals Dalldorferstraße, mischen sich die Projekte. Zur Reinickendorfer Straße zeigt sich die Fassade der Häuser im Stil der siebziger und achziger Jahre, zur Schönwaldstraße richteten sich die Stadtbücherei und eine Kindertagesstätte in einem Gebäude aus den frühen sechziger Jahren ein. Die eigentliche Grundfläche der Markthalle im Hinterhof der Bücherei ist heute ein begrünter Spielplatz. Von der Kleinmarkthalle selbst blieb nichts als das städtische Engagement zur Versorgung der Anwohner, wenn auch mit geistiger Nahrung statt mit frischen Lebensmitteln.

# Anhang

Die Standorte und Eröffnungsdaten der Berliner Markthallen

**Zentral-Markthalle I**, Neue Friedrichstr. 24/27
(03.05.1886),
Ende der 1960er Jahre abgerissen.

**Zentral-Markthalle Ia**, Neue Friedrichstr. 29/34
(01.07.1893),
Ende der 1960er Jahre abgerissen.

**Markthalle II**, Lindenstr. 97/98; Friedrichstr. 18
(03.05.1886).
Im Zweiten Weltkrieg zerstört. Neubau eines Blumengroßmarktes in den Jahren 1962 bis 1965.

**Markthalle III**, Zimmerstr. 90/91; Mauerstr. 82
(03.05.1886),
Einstellung des Markthallenbetriebs 1910. Vorderhaus Zimmerstraße ist noch erhalten.

**Markthalle IV**, Dorotheenstr. 29; Reichstagsufer
(03.05.1886),
Einstellung des Markthallenbetriebs 1912.

**Markthalle V**, Magdeburger Platz (21.11.1888).
Im Zweiten Weltkrieg zerstört.

**Markthalle VI**, Ackerstr. 23/26; Invalidenstr. 158 (02.02.1888). In Betrieb.

**Markthalle VII**, Dresdener Str. 27; Bukower Str. 15; Luisenufer 15/16 (23.05.1888).
Im Zweiten Weltkrieg zerstört. Ein Teil der Markthalle als Gaststätte am Legiendamm (früher Luisenstraße) und das Vorderhaus in der Dresdener Straße sind erhalten geblieben.

**Markthalle VIII**, Andreasstr. 56; Krautstr. 48a; Grünerweg 96 (01.05.1888).
Im Zweiten Weltkrieg zerstört.

**Markthalle IX**, Pücklerstr. 43/44; Eisenbahnstr. 42/43 (01.10.1891).
In Betrieb.

**Markthalle X**, Arminiusplatz (01.12.1891).
In Betrieb.

**Markthalle XI**, Marheinekeplatz (15.03.1892).
Im Zweiten Weltkrieg stark zerstört. Neubau der Halle im Jahr 1953. In Betrieb.

**Markthalle XII**, Gesundbrunnen; Grüntalerstr. 3/4; Badstr. 10/10a (08.02.1892).
Einstellung des Markthallenbetriebs 1898.

**Markthalle XIII**, Wörtherstr. 45; Treskowstr. 14 (01.07.1892).
Einstellung des Markthallenbetriebs 1910.

**Markthalle XIV**, Reinickendorfer Str. 2 d/e; Dalldorfer Str. 21/22 (01.09.1892).
Im Zweiten Weltkrieg zerstört.

Die örtlichen Bauleiter beim Bau der Berliner Markthallen

Unter der Leitung des Stadtbaurats Hermann Blankenstein und nach seinen Angaben wurden alle Baupläne des Bauprogramms ausgearbeitet. Die oberste Bauleitung lag in den Händen des Stadtbauinspektors August Lindemann. Die örtliche Bauleitung wurde durchgeführt von:

| | |
|---|---|
| Regierungsbaumeister Hesse | Zentral-Markthalle I |
| Stadtbaumeister Jost | Zentral-Markthalle Ia |
| Regierungsbaumeister Schultze | Markthalle II |
| Regierungsbaumeister Geick | Markthalle III |
| Regierungsbaumeister Hausmann | Markthalle IV |
| Architekt Merget | Markthalle V |
| Regierungsbaumeister Ochs | Markthalle VI |
| Regierungsbaumeister Geick | Markthalle VII |
| Regierungsbaumeister Schultze | Markthalle VIII |
| Architekt Merget | Markthalle IX |
| Regierungsbaumeister Matzdorff | Markthalle X |
| Architekt Möbius | Markthalle XI |
| Architekt Krahn | Markthalle XII |
| Architekt Frenger | Markthalle XIII |
| Stadtbaumeister Neumann | Markthalle XIV |

# Literatur

*Berliner Großmarkt GmbH 1960 bis 1970*. Hrsg. Berliner Großmarkt GmbH. Berlin o.J.

*Berliner Markthallen*, [Die]. Hrsg. Eckart Bollmann und Konrad Kuhnt im Auftrag der Berliner Markthallen Verwaltungsgenossenschaft e.G.. Herford 1983.

*Eberty, Eduard*. Lebensmittelversorgung von Großstädten in Markthallen. Berlin 1884.

*Exerzierfeld der Moderne. Industriekultur in Berlin im 19. Jahrhundert*. Hrsg. Jochen Boberg, Tilmann Fichter u. Eckehart Gillen. In d. Reihe: Industriekultur deutscher Städte und Regionen. Hrsg. Hermann Glaser. München 1984.

*Geschichte der Marheineke-Markthalle, [Aus der]. Katalog zur Ausstellung 1989*. Hrsg. Historische Runde im Nachbarschaftsladen, Verein zur Förderung nachbarschaftlicher Kommunikation und Selbsthilfe e.V. Berlin 1989.

*50 Jahre Berliner Markthalle*. Hrsg. Hauptmarktverwaltung der Stadt Berlin. Berlin 1936.

*Kieling, Uwe. Berlin – Baumeister und Bauten. Von der Gotik bis zum Historismus*. Berlin, Leipzig 1987.

*Lindemann, August, Die Markthallen Berlins. Ihre baulichen Anlagen und Betriebseinrichtungen*. Im Auftrag des Magistrats dargestellt von A. Lindemann. Mit 33 Tafeln und 9 im gedruckten Text. Berlin 1899.

*Märkte in Berlin*. Hrsg. Peter Alles u.a.. Berlin 1983.

*Rindt, Erich. Die Markthallen als Faktor des Berliner Wirtschaftslebens.* Diss. 1928. Friedrich Wilhelm Universität Berlin. Berlin 1928.

# Berlinische Reminiszenzen

Die führende Reihe zur
Berliner Stadt- und Kulturgeschichte

## *Lieferbare Titel:*

N.º4    Edda Prochownik, **Da kiekste, wa?!**

N.º34    Georg Holmsten, **Potsdam**

N.º54    Adriaan von Müller, **Mit dem Spaten
in die Berliner Vergangenheit**

N.º55    Enrico Straub, **Berliner Grabdenkmäler**

N.º57    Jürgen Boeckh, **Alt-Berliner Stadtkirchen** Band 1

N.º58    Jürgen Boeckh, **Alt-Berliner Stadtkirchen** Band 2

N.º59    Theodor Konstantin, **Alt-Berliner Kneipen**

N.º60    Klaus-Dieter Wille, **Spaziergänge in Steglitz**

N.º61    Bodo Rollka/Volker Spiess, **Leben am
Prenzlauer Berg**

N.º62    Wolfgang Janowitz, **Spaziergänge in Köpenick**

N.º63    Jürgen Grothe, **Spandau – Schauplätze
seiner Geschichte**

N.º64    Jan Feustel, **Spaziergänge in Friedrichshain**

N.º65    Wolfgang Janowitz, **Spaziergänge in Pankow**

N.º66    Klaus-Dieter Wille, **Spaziergänge in
Charlottenburg**

N.º67    Walter Püschel, **Spaziergänge in Weißensee**

N.º68    Thomas Wieke, **Vom Etablissement zur Oper**

N.º69    Thorsten Knoll, **Berliner Markthallen**

**Haude & Spenersche Verlagsbuchhandlung**

Postfach 303046, 10730 Berlin

Telefon: (030) 2165061 · Telefax: (030) 2165064